教えない「教える授業」

——すぐれた教育の実践に学ぶ

佐久間勝彦

一莖書房

はしがき

書名に掲げた〔教えない「教える授業」〕は、日本の教育がこれから創り出していく授業像である。こんにち「知識を教える」といういとなみを、余計なことと捉える風潮が生まれている。そのように感じての本書の出版である。

しかし、いったいどういう授業を指すのか分からないと、怪訝な顔をされる方が多いと思われるので、その趣意を述べる。中教審が大学の授業（講義）の変革について提言したのは、2012（平成24）年である。「知識の伝達・注入を中心とした授業」から、「学生が主体的に問題を発見し解を見いだしていく」授業への転換である。この果敢な提言は、知識基盤社会に対応する高等教育の在り方としてもっともなものとして受け容れられた。

この「能動的な学修（アクティブ・ラーニング）」と称する授業形態の導入は、ただちに小中高校に及ばされることになったが、現場は混迷を深めた。授業の基幹に「グループワークなどの時間を組み込むこと」が必須とされたため、教師が研鑽を積むべきは「知識を的確に教える」専門性ではなくなって、子どもの学びを一歩外から管理・指示していくファシリテータや教育コーチとしての素養こそ、身につけなければならないと意識されつつあるからだ。

この〝新しいカタチ〟を授業に採り入れようと様ざまな努力がなされたが、子どもたちに任せるグループワークなどを「主体的に問題を発見し解を見いだしていく」場にすることは極めて難しい。うすっぺらな意見がやりとりされて終わる状況を見るにつけ、「これで日本の教育は良くなるのか」と首を傾げる教師が少なくなかった。

授業形態を変えることになっても、「子どもの学びの質」が疎かにされてはならない。アクティブ・ラーニングという語義から抜け落ちている「学びの深み」に目を向けさせるために、文部当局は指針を「主体的・対話的で深い学び」の実現と改めた。この修正は賢明で、日本の初等中等教育は王道を進むことになるはずであった。

しかし、学習指導要領の総則は【主体的・対話的で深い学びに向けた授業改善（アクティブ・ラーニングの視点に立った授業改善）】と記載して、何がどう変わったのか曖昧にしてしまい、指針の転換は腰砕けとなった。そしてまた、「主体的・対話的で深い学び」という呼称は抽象的で整いすぎているため、ふわふわした授業イメージをもたせることにもなった。相変わらず「深みのないグループワークなど」を授業時間に組み込むことに意を注ぐ学校現場である。

学習指導要領がいみじくも指摘するように、この「主体的・対話的で深い学び」は「我が国の優れた教育実践に見られる普遍的な視点」である。このことを胸に刻むならば、数々の優れた教育実践の蓄積から貪欲に学ぼうとする空気の醸成が欠かせない。しかし、「故きを温ねて新しきを知る」ことに時間を割くよりも、ファシリテータとして身につけるべき「ノウハウを知る」ことの方に気が向けられているようなのだ。

知識を一方向的に伝達・注入して、それを覚えさせることには関心をもたないといっていい数々の「優れた教育実践」は、その点では、知識を「教えない授業」と呼べないことはない。しかし、それらの実践が教育実践史に名を留めることになっているのはなぜか。その秀でているところを真摯に吸い取ることが求められている。追究するために必要な知識は的確に教え、解き明かしたくなる問いをポンと投げかけ、出されてくる考えはしっかり受けとめながらも鋭く吟味して、追究の渦中に放り込んでいく諸実践である。

本書は「教える」といういとなみの重層に目を注ぎ、主に第3章では、斎藤喜博や武田常夫などの実践に立ち戻って「教えない『教える授業』」の一端にふれ、「主体的・対話的で深い学び」が向かうべき行く先を示した。どうか数多くの「優れた教育実践」に学んで、子どもたちを教材世界にのめり込ませ、仲間とも自分とも真摯に対話を重ねて学びを深めていく授業の創造に努めていただきたい。

本書はまた、様ざまな分野の人たちの紡ぐ言葉にふれて心を豊かにするエッセー集にもなっている。「『現場としての授業』をつくるために力をみがきあう会」の会誌に書かれたものを『事実と創造』（一莖書房）に連載し、それに加筆補筆しての本書である。

なお、アクティブ・ラーニングの問題性と「教える」という教師の専門性については、前書

『アクティブ・ラーニングへ——アクティブ・ティーチングから』で角度を違えて述べていることを付記する。

目次

第1章「目がひらかれる言葉」と出遭う……9

第1章　「目がひらかれる言葉」と出遭う

命を救えなかった人の名前は絶対に忘れてはならない

——藍沢耕作（コード・ブルー）

テレビドラマ「コード・ブルー」は、ロケが千葉経済大学の学生ホールで行われることもあって、ずっと見届けている。「コード・ブルー」というのは、救命救急センターで患者の容態が急変した際に告げる「至急集合」を意味する。

飛行機の墜落、雪崩による遭難、トンネル内での追突等々、事故は随所でのべつ起きる。その緊急通報がセンターに入ると、「ドクターヘリ」は医師と看護師を乗せて現地に向かう。私たちは「緊迫した現場」に立ち遭わされ、ひたむきに救命にあたる姿に目が離せなくなる。

主人公の一人である藍沢耕作（山下智久）が医師になって最初に覚えた矜持は、「救命の世界に奇跡はない。そんなものにすがってはいけない」であった。医師であるからには研鑽に研鑽を積み、その深い見識と最新の医療技術を駆使して救命にあたる。奇跡が起きて助かることを祈るようでは、医師の風上に置けないという矜持である。

しかし、藍沢が2番目に覚えたことは、患者を前にして奇跡を願わない医師はいないということであった。激痛に苦しむ患者を目の当たりにすると、「起こりえない奇跡」が起きてほしいと一縷の望みを託さずにいられない。先に掲げた矜持とは相反するが、救命の現場に身を置く者の切望である。

＊＊＊

「コード・ブルー・THE THIRD SEASON」の第1回（２０１７年7月17日放映）は、「かずさ七夕まつり」で街中に繰り出した山車が民家に突っ込み、多数の負傷者を出してのヘリ出動であった。メチャメチャに壊された民家に入ってみると、8歳くらいの男児（ゆうと君）が壁に挟まれて身動きできずに居た。

ドリルで板壁をこじあけて剝がしていくと、ゆうと君の手の力が抜けて、ずっと握っていた短冊がすり落ちた。身をよじりながら診断して応急処置を済まし、ヘリで病院に搬送して頭蓋骨内の血の塊を取り除く手術をし終えた。

かけつけてきた父親は、ベッドで意識を失っている息子を見て愕然とした。「痛かっただろうな。痛かったよな。ごめん、ゆうと、お父さん、一緒に居てやれなくて……、ごめん、急に仕事が入ってしまって……。ゆうとはさびしい思いをしてたんだろうな」と悔いて詫びた。

藍沢から手渡された短冊に目をやった。そこには「おとうさんみたいな駅長さんになりたいゆうと」と書かれていて思いが募った。父はまだ駅員であったのだが、父の話す仕事ぶりから、てっきり駅を預かる駅長さんだと思って、大きくなったら父のような立派な駅長になりたいと心に秘めた。その思いを短冊に書いて笹に吊るそうとするゆうと君であった。

このドラマは、「子どものころは、素直に願いを書いた。けれど大人になると書かなくなる。なぜだろう。どんなに願ったところで叶わないことがあると、知ってしまったからだろうか?」という、藍沢のナレーションで始まっていた。

そして、ドラマは、病院の待合室の笹飾りに吊るされた数々の短冊(「駅長」の「長」を二重線で消して横に「員」と書いた、ゆうと君の短冊も)を映しながらの、次のようなナレーションで幕を閉じた。——ほとんど叶うことのない願い。それでも、人は願いを託す。切実な願い。無邪気な願い。一人では叶うと信じることすら困難な願いもある。そんなときはどうするか。ともに信じてくれる仲間と願えばいい。

＊＊＊

徳永進さんは医者になって数年を経た34歳のとき、『死の中の笑み』(ゆみる出版)を著し、第4回講談社ノンフィクション賞を受賞した。

「医者となって一年たって、二十人の死をみた。はじめは、悲しみがあり、恐れがあった。生後八か月の子供の死は、医者を職業として生きることが、いかにつらいものであるかを教えた。ぼくは、夜中の当直室で、その子の死を泣いた。それから、いくつかの高齢者の死に出会った。確かに死は厳粛で、いかなる死の前でも医者は張りつめるものを持つ。しかし、死は医者にとって日常である。」

このように書き記した徳永さんは、間もなく訪れた次のような自身の変容について吐露した。

「しばらくして、ぼくは、死を前にして、何も感じなくなってきた自分に気付いた。心臓が止まり、呼吸が停止する。血流が止まる。それは手をとる僕の皮膚のむこうがわにある死だった。皮膚のこちら側には血流があり、別の生が脈々と営まれていた。ぼくは、死者の心が自分に全く伝わらないのを知った。死の悲しみはわからなかった。」

自身の対し方が見透かされて、ガンであることを直感する患者にたじろぎ、「大丈夫。でも、時間はかかるよ」とはぐらかしてその場を去る。そういう自分に後ろめたさを覚えていることも隠さずに述べる徳永さんである。

病院と学校、病室と教室はどこが違うか。その「大きな違い」について、徳永さんは次のように指摘する。それは「傷ついた人を相手」にして「人は傷つく」ということを知っていて、「手助けしないといけない」と思う空間と、「傷つかない人を相手」にして「いくら言っても分からない、手に負えない子どもだ」と見捨てたり突き放したりして、子どもの心を傷つけて平気になりがちな空間の違いである（『病室――教室への伝言』太郎次郎社）。

この指摘は身に堪えた。たしかに、特別支援学校などの教師を別にして、多くの教師は「子どもはたいしたことでは傷つかない」と考えて、子どもにつらくあたったり意地悪く対したりすることが少なくない。教師への厳しい指摘をそのように行った後に、徳永さんは、医者と教師のしごとに共通するところに筆を進める。それはどちらも「成長し、変わっていく人間」を相手にしていて、自身もみずから「成長し、変わっていく」ことができるということである。

医者もそして教師も、自らを乗り越えて成長していこうとする「いのち」と向き合う世界に生きている。もし、救命の世界より教育の世界のほうに明るい印象がもたれるとすれば、それは、未来に大きくひらかれた「確かないのち」と対していることによる。目の前にいる子どもは誰もがその内面に測り知れない可能性を秘めていて、それを表に出したくてうずうずしている。教師にも本人にも信じられないような事実が顔を覗かせると、その場ははじける。

たとえば、逆上がりができなくてしょんぼりしている子どもがいる。その子が教師の助言も生かして努力を重ね、見事に逆上がりして鉄棒の上に居る。こうしたことは教室で行われる平素の授業の中でも起き、子どもはその〝瞬間〟を生きるたびに「人間としての成長の階段」を一段一段と上っていく。

その〝瞬間〟に立ち会った教師は「教師であることの自信」を深め、「教師としての成長の階段」を一段、そして一段と上っていく。医者もまた患者と向き合って、命を救う道程を一歩一歩あゆんで行っているにちがいない。

＊　＊　＊

徳永進さんは２００１年、生まれ育った鳥取市に戻って「野の花診療所」（ホスピスケアのある19床の有床診療所）を開設した。『人あかり　死のそばで』（ゆみる出版）によると、開所して1年9ヶ月の間に立ち会った死者は、１００人を超えた。死のすぐそばに身を置いて、死を見届ける立場に身を変えて今日に至る徳永さんである。

「いろんな死の迎え方があったが、どんな死の迎え方がよいとか立派ということはなく、それぞれの死がそれぞれに立派だった」と述べる徳永さんは、「ぼくの人間への敬意は、死を通して大きくなる」と書き綴る。

ドラマの中で、藍沢耕作は述べた。——医者は「命を救った人」の名前は忘れてもいい。しかし、「命を救えなかった人」の名前は絶対に忘れてはならない。その人のことは、ずっと心に留めて医療にあたらなければならない。

適切に対応することができないで、子どもと離れることになったならば、教師は、その子どもの名前を絶対に忘れてはならない。その子どものことは、ずっと心に留めて教育の道を歩んでいかなければならない。

宮城まり子
――子どもは「丸い形」でなく「楕円形」である

即位から三十年、これまでの天皇としての務めを、国民への深い敬愛をもって行い得たことは、幸せなことでした。象徴としての私を受け入れ支えてくれた国民に、心から感謝します。

――天皇は「退位礼正殿の儀」でこのように語り、令和の代に日本を送った。

公務ご多端で寛ぐいとまのない一昨年（平成30年）の秋、平成天皇は皇后陛下と最後の私的旅行をした。訪れたのは掛川市のねむの木学園である。宮城まり子さんとの親交が40年もある両陛下にとって、2度目の学園訪問である。

子どもたちの描いた絵を美術館でゆったりとながめ、「なんだか織物みたい」「ずいぶん時間がかかったでしょう」と子どもに語りかけて、心あたたまるひとときに身を置かれた両陛下である。

宮城さんが肢体不自由児養護施設「ねむの木学園」を開園したのは、昭和43（1968）年であった。脳性マヒの子どもの役柄を宝塚劇場で演じることになり、その折に障害をもつ子の実態にふれて心が動かされた。

たとえ、からだが不自由であっても学ぶ「権利」がある、学校に行く「義務」があるのだが、障害児を受け入れる学校がない。女優として舞台に立つ身の傍らで、脳性マヒや自閉症などの障害について勉強を重ね、土地探しに奔走しての児童養護施設の創設であった。

＊＊＊

ねむの木の子どもたちの絵は、どの絵もまり子さんの温かさにつつまれて描かれていて、心が清められる。「愛する人に能力を認められ、信じてもらえていると思うとき、子どもは才能がはじける」と、まり子さんは述べる（『まり子の目・子どもの目』小学館）。そのとおりだと私は思うが、子どもを見つめる宮城さんの目の温かさに私は敵わない。

『まり子の目・子どもの目』には、7歳の男の子が9月末の夕方、1匹の蛙を目にして書いた次のような一文がある。

【ぼく　かえる　みつけた。　しみそう。　くさのところに　いきました。】

教育委員会から派遣されて授業を担当している先生は赤でペケをつけて、〈ぼくは　きょうかえるをみつけました　死にそうでした　くさのところへ　いきました〉と直して返した。

「僕は作文もダメなんだねえ。ダメな子なのね」と泣きつかれたまり子さんは考える。

「『しみそう』は『死にそう』の彼の幼児語」で、それは「智恵の遅れ」の表れで「言語障害」とみなされるだろう。しかし、「弱々しく、哀れに、蛙が跳んでいくのを見たら、『死ぬ』ということではなく、『しみそう』というほうが的確のような感じがする」。「孤独な少年が、孤独な蛙を見送っているんだナと思うと、いじらしくて、かわゆく、その子の書いた文章の方が私は好き」「そのままの感じを絵で表現したらいい」。
まり子さんは職員室にお願いに行った。――「先生、たいへん生意気で、失礼だと思うけれど、お願いがあります。（中略）この子は〈こういう丸い形をした子ども〉だとお考えになっていらっしゃると思います。だけど、この子は〈こういう楕円形のような形をした子〉なので、先生の教育方針からはみ出るところがあります。だから、〈こういう楕円形〉になって、この子の教育をしていただけませんか。この子は、〈こういう子〉で、先生の〈こういう丸い形〉から見ると、横にはみ出しすぎてしまいます。先生、〈その子にあった形〉で教育してほしいのです。これは私の無理なお願いでしょうか。（括りの〈　〉は佐久間）
すると、「あんたは女優さんで偉いかしらんけど、私は教育経験三十年です」と頭ごなしに怒鳴られた。砂丘に走って行って「ナガイダケガノウジャネエゾ―」と大きな声で海に言いつけ、砂浜にひっくりかえって大声で泣くまり子さんであった。
「しみそう」ということばに、何を感じとるか――。まり子さんには、弱々しく哀れに跳ぶ蛙に自分を投影する男の子が見えていたのだが、私はただ稚拙さを感じるだけであった。ペケをつけて「死にそう」と直す側に私がいることは、まちがいない。

＊＊＊

『まり子の目・子どもの目』には、波多野完治さん（心理学者）、村井実さん（教育学者）、水上勉さん（作家）が読後感を載せている。３人はそれぞれ、ここに紹介した「宮城まり子さんと教育経験30年の教師との間にある埋めがたい溝」に着目する。

《波多野さん》「ねむの木学園の子どもは、まんまるでなく、たまご形なのだ」と〝学校の教師〟に説いていることは「この本の貴重な貢献である」。「先生は、すべての生徒のオール5、を目指す。はりきり型の先生ほどそうである。これはつまり、すべての方面にわたって、発達した子どもを要求することになるので、球形が理想になりやすい。しかし、じっさいのところ、人間は本来たまご形のものであり、また、たまご形に発達するので、ちょうどよいのではなかろうか。」

《村井さん》宮城さんの教育の根幹にあるのは「純化」で、当今の教育は「飼育」と呼ぶにふさわしいものになっている。「宮城さんは、先生方にくり返し訴えたという。『うちの子どもたちは、先生方の学校の子どもたちと違って、いってみればこんな（丸い）形ではなく、こんな（卵形の）形なのです。ですから、先生方のほうでも、やっぱり最初から、まず、そういう形になっていただきたいのです』と。同じ形になれたときに、先生と生徒とが、琴線において響き合うことができる。そこから、すべてが始まるのである。」

《水上さん》「これは私の無理なお願いでしょうか」は「いかにもこの人らしいひかえめ」な申し出であるが、「こういう発想は、実は、福沢諭吉『学問のすすめ』からはじまる、この国のながい学校教育のありようを、深い根のほうからゆさぶり問いなおす力がある」。辺地の分教場で代用教員をしたことがあるが、その教場は「すこし横にはみ出た楕円形というよりは、平べったく地面にへばりついたような形」をしていた。「教師も地面にへばりつかぬと、子どもと暮らしてはゆけなかった。そんな私の暦が一瞬、裸になれるような力が本書にはあった。」

ねむの木学園の子どもに限らない。子どもというのは、まんまるの満月になるように願って誕生してきているのではない。どの子にも、横にはみ出る「出っぱったところ」があれば、窪んでいて「へっこんだところ」もある。子どもは「楕円形」というよりは「いびつに近い丸み」を帯びていると言っていいかもしれない。私たち大人も変わりがない。

教師は子どものそれぞれの「丸み」をしっかり目に収め、その「丸み」にいのちを吹き込むようにして成長を遂げさせていく。そうしていると、いつの間にかへこんでいたところが丸みを帯びてくる。そういうことがある。

＊　＊　＊

ほんめとしみつ君は生まれて間もなく父を亡くして母も知らず、脳性マヒを患っていた。5歳になって学園に入った彼は、何かというとすぐブゥーと口をとんがらせ、乱暴をはたらいて皆を困らせた。右足のアキレス腱の延長手術を受けて退院することになったとき、ご褒美に「気に入った靴と帽子」をプレゼントしようと宮城さんはデパートに連れて行った。

赤ちゃんを車に乗せようとする父親を見かけると、ものすごい勢いで飛んで行って、赤ちゃんのほっぺたをそーっとそーっと撫でていた。としみつ君はねむだった。——マリ子チャン、ネ、赤チャン買ッテ、クツモ、ボウシモイラナイ。赤チャン買ッテ。

『としみつ』（講談社文庫）は、彼がまり子さんに宛てた手紙や作文とそれへの返事、そして、彼のたくさんの絵で構成されていて心がなごむ。次の詩も、その一つである（『やさしくねやさしいことはつよいのよ』海竜社）。

おともだちってなあに
それは、たのしいとき
ちょっぴりおすそわけする人
おともだちってなあに
だれにもおはなしする人ないとき
心のすみっこ、みせちゃった人

おともだちってなあに
それは、うれしいとき
ちょっぴりもらってもらえる人
おともだちってなあに
だれにもおはなしする人ないとき
きいてもらえる人

（補）宮城まり子さん（本名　本目真理子《ほんめまりこ》）は、2020年3月24日に93歳で逝去した。

市原悦子【人には美しい瞬間と醜い瞬間があるだけ】、樹木希林【「創」は「きず」と読む】

時代を画してきた女優の巨星が、相次いで永眠した。

樹木希林さんは２０１３年、映画「わが母の記」での演技が高く評価され、第36回日本アカデミー賞で最優秀主演女優賞に輝いた。その晴れの受賞式スピーチで、「全身がん」になっていることが伝えられた。それから15年、光彩を放つ名演をつづけてきたが、２０１８年9月、75歳で生涯を閉じた。

文学座の演劇研究所１期生を修了して悠木千帆の名で世に出たころ、役者の格はとにかくにも舞台が一番で、映画がそれに次いだ。テレビに出るのは俳優の格を落とすもので、ましてＣＭに出るなどは身の程知らずとして軽蔑された。しかし、希林さんにはそのような垣根は存在しなかった。好んでテレビドラマに出演してお茶の間を楽しませ、テレビＣＭは「晴れ舞台」に立つように演じきった。15秒のその舞台は、俳句や川柳の17文字の世界に通じる芸の極みと言ってもよかった。

市原悦子さんが他界したのは２０１９年1月、享年82である。中学・高校時代は「運動会と文化祭のために」学校へ通ったと言ってもよく、「その二日は私の晴れの日でした」と書き記す。それほどまで演劇クラブにのめり込んでの学校生活であった（駒澤晃写真集『市原悦子現（うつつ）と遊び』大阪書籍）。

俳優座養成所の6期生としてその天分を磨いて、「千鳥」の舞台演技で芸術祭奨励賞などを受賞したが、新劇の世界に見切りをつけて、活動の場を映画・テレビドラマ・朗読へと広げた。「ハムレット」で共演した仲代達矢さんは述べる。――市原さんの声のすばらしさは「日本の演劇界の宝」であって、1500席の劇場でもマイクなしで声を通していく力を先天的にそなえていた（朝日新聞2019年1月13日）。

著書『白髪のうた』（春秋社）を読むと、「演ずること」への心血の注ぎ方は徹底していた。旅公演で訪れる地で真っ先に足を運ぶのは劇場で、舞台に一人上がってその広さを肌で感じるとともに、客席の一番上の隅っこに座って「ここからは、このように見えるのか」と舞台を眺め入る。この席に座る客にもしっかり台詞を届けよう、ここまで囁きが聞こえるようにしなければ……と心して、幕開けに臨む市原さんであった。

＊＊＊

「坊や良い子だ、ねんねしな……」のテーマ曲で始まるテレビアニメ「まんが日本昔ばなし」は、子どもからお年寄りまで多くの人たちに親しまれて20年もつづいた。市原さんは常田富士男さんと息を合わせ、何人もの声を使い分けて「昔ばなし」の世界に私たちを誘い入れた。DVDに収録されたその作品集は今も子どもたちを引きつけていて、親も幼いころを懐かしんで見ている。

25年の長きにわたって放映された土曜ワイド劇場「家政婦は見た！」は、毎回のように高視聴率を誇った。大沢家政婦紹介所から上流階級の豪邸に派遣される家政婦石崎秋子（市原悦子）は、家事を実直にこなしながら豪奢な暮らしぶりの裏の裏を覗き見て、覆い隠されている不正を明るみに出していく。庶民感覚をはたらかせての追及に、拍手喝采する私たちであった。

市原さんは舞台俳優、映画俳優、アニメ声優として、様ざまな役柄になり切ってきた。なり切ってみて私たちに教えてくれたのは、この世には根っからの悪人も、根っからの善人もいないということである。人にはただ「美しい瞬間と醜い瞬間があるだけ」だという人物眼である（前掲『白髪のうた』）。

昔話というのは、子どもを楽しませるためのつくり話ではなく、ひとつの「歴史を紡いでいる」。山姥を例にすれば、山姥は「世の中から見捨てられた人」とか、「口減らしで抹殺された人」とか「流刑されて山に放り捨てられた罪人」とかが生き延びている姿にほかならない。

そういう人たちは「非常なる人恋しさと、優しさと、叶わなかった夢が、人の何百倍」もあって、「村全体を滅ぼしてやれとも思うけれど、村全体を守ってあげようとも」思っている。だから、「悪い婆さん」かと思ったら、「優しい乳母」であって、「かと思ったら食い殺されそう」、それが山姥だという（『やまんば』春秋社）。

「やまんばの心の中って、もうほんとうに荒々しい凶暴さと、深い心の優しさと、その振幅がすごいんです。そこが面白いの」。――そのように受けとめて、山姥になりきる市原さんであった（前掲『白髪のうた』）。

＊　＊　＊

樹木希林さんに教えられたこと、その一つは「創」という漢字の語源である。「創造」というのは「新しいものを初めてつくり出すこと」ことで、創立・創始・創設・創業・創刊・創意・独創等など、「何か新しいことを始める」ことを「創」は指す。しかし、そもそもは「きず」を意味していると言われて、私はまさかと思った。

希林さんは述べる。――創造の創という字は「きず」という字なんですよね。絆創膏の「創」っていう字なんですよ。やっぱり、ものをつくるっていうのは、ものを壊してつくっていくことなのね。どっかに傷をつけながら、そこを修復するっていうか（『樹木希林１２０の言葉』宝島社）。

さっそく引いてみた漢和辞典には、全くそのとおりの語釈が書かれていた。物をつくるとき、その作業は素材に刀で切れ目を入れることから始まる。「創（きず）をつけること」が工作の第一段階であることを受けて、「はじめる・つくる」という意味が付け加えられることになったというのである。

ちなみに、「満身創痍」というのは「全身傷だらけ」を意味し、周りから非難を浴びせられて弱り果てている最悪の状態を言う。「創」が「きず」を意味する熟語には、創傷・創痕・銃創といくつもある。
今から3年前（2017年）の元旦の新聞を開くと、中ほどに西武とそごうの一面広告があった。読者を見つめる希林さんの全身写真とともに、「わたしは私。」と題したキャッチコピーが次のように書かれていた。

——今年、あなたはひとつ歳を取る。その度に、歳相応にとか、いい歳してとか、つまらない言葉が、あなたを縛ろうとする。／あなたは、耳を貸す必要なんてない。世間の見る目なんて、いつだって後から変わる。着たことのない服に袖を通して、見たことのない自分に心躍らせる。ほかの誰でもない「私」を楽しむ。そんな2017年が、あなたには必要なのだから。

——

そして、大きな活字で**【年齢を脱ぐ。冒険を着る。】**とある。「脱ぐ」というのは、身に着けていたものを取り去ることを言う。年齢は重ねるものであって、けっして脱ぎ捨てるものではない。そして、「着る」物といえば「服」であって、「冒険を着る」などと書く人がいれば、とんでもない書き間違いとして蔑まれる。しかし、希林さんの七十数年の来し方を言い表すには、このキャッチコピーは的を射ていて腑に落ちる。
着たことのない服に袖を通して、見たことのない自分に心躍らせる。——「冒険を着る」とはそういう生き方を言い、そのように生きることを「年齢を脱ぐ」と言うのであった。

＊　＊　＊

河瀬直美監督・脚本の映画「あん」（原作・ドリアン助川）で、主演の樹木希林さんと市原悦子さんが共演した。封切り後に行われた貴重な対談「曰く『いきあたりばったり』」（キネマ旬報・２０１５年7月上旬号）には、役者にとって「台本を読む」とはどういうことなのか、自身をふりかえった次のようなやりとりがある（『いつも心に樹木希林～ひとりの役者の咲きざま、死にざま～』キネマ旬報社）。

希林――……演劇に関してはまったく無知なままここまできてしまったけど、ひとつだけ学ばせてもらったことがあるんですよ。それは、〝台本を読む〟ということ。

市原――新劇は、それ、とても大事にしますからね。

希林――ですよね。例えば、舞台上にひとつの庭を造るとするでしょ。庭造りは演出家がするんだけれど、役者は、その庭の中で自分は花なのか苔なのかを読み取って、的確な位置をきちんと把握することをまず求められるの。私は、それが台本を読むことなんだと思っています。

市原――全体を見て、その中で自分がどこにどういなければいけないかを読み取っていく。確かにそれが台本を読むということで、舞台ではこれを徹底的に叩き込まれましたね。

希林――そう、基本ですよね。で、そうやって台本を読む力がついた上で、本人の持つ資質みたいなものが花開いていく方がスターになるわけでね、市原さんはまさにその代表格。演出家さんたちにとって、そうとうに魅力的だったんだろうなと思いますよ。

市原——希林さんは、舞台じゃない場所にあえて行って、ご自身の身体能力を発揮していく形で切り拓いていった。そこがすごいと思うし、そういう姿を見ていると、あこの人はやっぱり、映像専門の役者ではなく、舞台出身の役者なんだなと思うのよ。

自分にはない相手の魅力を語って、役者の原点を見つめた女優二人は、もうこの世にいない。

吉永小百合、そして中原中也
——もういいかい？　もういいよ。

吉永小百合さんが広島・長崎の原爆詩の朗読会を始めたのは、1986（昭和61）年である。600編もの詩の中から絞り込んだ十数編の詩、「ちちをかえせ　ははをかえせ　としよりをかえせ　こどもをかえせ」で始まる峠三吉の「序」を冒頭に置き、子どもから大人までが書き綴った詩を、坂本龍一さんのピアノ、村治佳織さんのギター、藤原道山さんの尺八などが奏でる音楽と織り成す朗読である。

最近では、東京電力福島第一原発による被災をうたった和合亮一さんなどの詩も加えられて、朗読で語る世界は現実味を帯びてきている。

吉永さんはNHKアーカイブス「戦後70年　吉永小百合の祈り」（2015年1月4日）で、次のように語る（『吉永小百合の祈り』新日本出版社）。

——この原爆詩を読むということは、相当に力がいることというか、自分の中でエネルギーのいることで、大げさに言うと、自分の身が削られるんじゃないかと感じるときもあるんです。でも、それを読むことによって、自分自身が少し成長できるというか、ものを考えられるようになるというか、そんなところがあります。

栗原貞子さんの詩「生ましめんかな」は、原爆の負傷者でうずめく壊れたビルの地下室で実際に遇ったことをうたう。

――ローソク一本もない、地獄の底のような暗やみの地下室で、若い女性が産気づいた。自分の痛みなど忘れて、どうしたらいいかと気づかっていると、さっきまでうめき苦しんでいた女性が「私が産婆です。私が生ませましょう」と名乗り出て、新しい生命が産声を上げた。が、産婆はあかつきを待たず、血まみれのまま死んだ。生ましめんかな　生ましめんかな　己が命を捨つとも――。

被爆に苦しむ人たちのうずまく地下室で、自らのいのちと引き換えようと意を決した産婆の「終い（つい）のいとなみ」に心を鎮める吉永さんの朗読である。

この朗読会はすでに30年を超えていて、２０１１年10月にはオクスフォード大学でも行われた。「朗読そのものを音楽として捉えるという新たな経験をしたように思います。日本語の言葉なのに、それがイギリスの方々に伝わったというのは、朗読も音楽だったからではないでしょうか」と吉永さんは述べる（早川敦子『吉永小百合、オックスフォード大学で原爆詩を読む』集英社新書）。

＊＊＊

ＮＨＫは地方放送局制作のテレビドラマを「地域発ドラマ」と称して、それぞれの地域の人びとの思いや地域の抱えているテーマを描いて視聴者に届けている。山口放送局で制作された

「朗読屋」（作　荻上直子）は全国に放送され、私は感涙を抑えて視聴した。

老婦人の小笠原玲子（市原悦子）が、瀬戸内海に浮かぶ小さな島の豪邸に住んでいた。婦人は、幼いころ枕元で本を読んでくれた「父の声」が忘れられず、その声をこの耳で聴き、もう一度父のことを思い出したくて、「父の声」にそっくりの人を世話役の早川（緒川たまき）に探させた。

西園寺マモル（吉岡秀隆）はストレスによる不眠症で、うつ病の初期症状に陥って妻との関係がうまくいかず離婚していた。24時間開館している図書館があることを元妻の電話で知って立ち寄り、本を借りようとして司書の沢田ひとみ（吉岡里帆）に声をかけると、玲子婦人に朗読を聴かせる仕事が紹介された。

小舟で島に渡って、ベッドで本を読む婦人に所望された中原中也の「サーカス」を朗読した。婦人は涙をハンカチで拭い「探していました、その声を」と感激したが、早川の見立ては厳しい。「あなたの朗読はまるで駄目です。今日のところは仕方ないと思いますが、全く気持ちがこもっていない。ただ読めばいいと思っている。できるだけ厳粛に、それでいて内側には燃えるような感情を込めて読むように心がけてください。朗読をなめるな！」と言い放つ。

二度めの朗読は、日傘を差す婦人に砂浜で行った。婦人はとても喜んでくれたのだが、早川は冷たく突き放つ。「全く準備がされていない。はっきり申し上げます。奥様はもう長くはありません。奥様を心穏やかに見送ってさしあげるのが、私の最後の仕事です。奥様を満足させられないような朗読をするなら、この私は許しません。」

どうすればいいかと尋ねるマモルに、「たとえば、詩が生まれた場所で、作者の気持ちになって詩を読んでみるのもいいでしょう。文字の裏に隠された感情がふつふつと湧き出てきますから」と助言する。

小舟の船頭には「中也を知らんなら、舟に乗るな」とも言われ、マモルは中原中也記念館を訪れた。館前に立つ石碑には、詩「帰郷」の一節「あゝ、おまえはなにをしに来たのだと……吹き来る風が私に云ふ」が刻まれている。長門峡にも足を運んで、谷の流れを聞きながら中也の詩を口ずさむマモルであった。

砂浜での三度目の朗読を、婦人は万感の思いで聴いてくれた。しかし、早川の評価は厳しい。

「訓練はしてるようですね。しかし、まだまだ足りていない。人に聞かせようという意思があまり感じられません。一人で訓練するよりも、誰かに向かって詩を読んで聞かせてみてはどうですか。あなた、大切な人はいらっしゃいますか。大切な人を想って詩を読めば、自ずと声に優しさが含まれるものですが、あなたにはそれが分からない。それとも、優しさが足りなくて、大切な人を失った？　中也の詩は、大切な誰かを想っていたからこそ、悲しみがいっぱい詰まっているんです」

＊＊＊

4度目に訪れると婦人はベッドで咳込みながら薬を求め、「今日は私の話を聞いてください」と言って幼い日のことを思い起こすように話し始めた。

婦人の家は広くて隠れる所があちこちにあり、父とかくれんぼをすることが多かった。しかし、戦争色が濃くなるにしたがい、難しい顔をする父に接するようになった。ある日、父はニッコリ微笑んで「久しぶりにかくれんぼをしよう」と言って、ギュッと娘を抱いて頭をなでてくれた。

「1、2、3、4、………9、10」と数えて「もういいかい?」と聞いてみたが返事はない。「もういいかい? お父様、もういいかい?」と繰り返し呼ぶが、父の「もういいよ」は返ってこなかった。半年後に、戦死したという知らせが届けられたが、この世に父がいないと信じることはできず、この家のどこかにきっと隠れていると思って探し回った。婦人はこのように打ち明けて、「次は、あなたが詩を選んで読んでくださらない」と懇願した。

岸辺で、飲み明かしている船頭や漁師たちの車座に加わると、次のようなことを言われた。

――中也は、大切な弟、親友、好きになったおなご、息子を無いものにしてきた。じゃけん、喪失の底から叫ばれた詩には、むしろ生命力があふれている。おまえも、大切な何かを無いようにしたんじゃろう。そうでなけりゃ、こげなところに来るやつはいねぇ。――

数日後、図書館の忘れ物入れで見つけた「元妻の手帖」に書き写されていた中也の詩「月夜の浜辺」を、マモルは婦人に朗読した。

月夜の浜辺　　　　中原中也

月夜の晩に、ボタンが一つ
波打ち際に　落ちてゐた。

それを拾って、役立てようと
僕は思ったわけでもないが
なぜだかそれを捨てるに忍びず
僕はそれを、袂に入れた。

月夜の晩に、ボタンが一つ
波打ち際に、落ちてゐた。

それを拾って、役立てようと
僕は思ったわけでもないが
　月に向かってそれは抛れず
　浪に向かってそれは抛れず
僕はそれを、袂に入れた。

月夜の晩に　拾ったボタンは
指先に沁み、心に沁みた。
月夜の晩に、拾ったボタンは
どうしてそれが、捨てられようか？

婦人はベッドで眠るようにして聴き入り、「うーん、素晴らしかった。どうもありがとうございました」と深く礼を言った。そして、「最後のお願い、『もういいよ』って言ってくださらない？　そうしたら、あたくし、うまく旅立てると思うのよ」とマモルに願った。

「僕には言えません」と拒むと、「あたくしは十分に生きました。今度こそ、お父さんを探しに行くの。きっと見つかると思うの。お願い、お願いします」と懇願される。マモルはベッドに身を寄せて涙ながらに「もう、いい、よ。もう　いいよ」と答えて、静かにその場を離れた。

＊＊＊

吉永小百合さんは、CD『第二楽章』のカバーに次のように書き記している。

――広島への最初の旅は1966年の夏、『愛と死の記録』の撮影のためでした。4才のときに被爆した青年が白血病に倒れ、婚約者の娘は彼を励まし、看病します。しかし、青年は死を迎え、娘は彼のあとを追う――、広島でほんとうにあった話でした。平和公園、原爆病院そしてドームの中に入って撮影し、せい一杯の演技を続けるうちに、私は広島の重い歴史をはじめて知りました。

『夢千代日記』は、81年から足かけ5年間、テレビ・ドラマとして制作されました。母親の胎内で被爆し、重い病いに苦しむ芸者、夢千代の物語です。山陰の海辺の町で、夢千代は不幸な人々に優しくすることによって、自らを励まします。人を助けられる間は、私はまだ大丈夫……、そう自分に云い聞かせ、強く生きようとする夢千代。演じていて胸が熱くなりました。

いつしか私の心の中で、核兵器が二度と使用されないようにと、祈る気持ちが生まれました。

原爆をテーマにした詩集を読み、心を強く動かされ、これらの貴重な作品を、次の世代に伝えたい、残したいと思うようになったのです。

原爆が広島、長崎で落とされてから50年余が過ぎました。第二楽章を、小さな声で、祈るように粘り強く、語り続けたいと思います。——

田部井淳子
——登山も人生も8合目からがおもしろい

登山家の田部井淳子さんが2017年10月に逝去した。享年77である。田部井さんは36歳のとき、女性として世界で初めてエベレストに登頂し、その後7大陸最高峰登頂も果たした。

5000メートルを越えると、酸素濃度は地上の三分の一に減ってしまう。体をかろうじてよじるようにして少しずつ前に自分を進めていく。そういう感じでのエベレスト登頂であったという。

田部井さんは、三春駒や滝桜で名高い福島県の三春町で生まれ育った。山登りの楽しさを知ったのは小学4年の時、登山の好きな渡辺俊太郎先生に連れられて那須の茶臼岳に登ったときである。体が小さくて弱かった田部井さんは友達と話しながら登って行き、頂上にたどり着いたときには「私も、登れたんだ」と笑みがこぼれた。

自分には無理だと思っていた山のてっぺんに立てたことは大きな自信となり、その後、気づいてみると、友達とやさしく接するようになっていた。また、それまで何とも思わずにいた身の回りのものごとに感謝できるようにもなっていて、不思議な気持ちだった。そういう自分に出会えたことをうれしく思い、山登りをこよなく楽しむ女性に成長していく田部井さんである。

＊＊＊

山で一番怖いものは何だろうか。それは、夏は雷で冬は雪崩だと田部井さんは言う。夏の雷は頭の真上で轟くのでその爆音には身がすくみ、ピッケルなどの金具は遠くへ放り投げて、体が突き出ることがないように地上にピタッと伏せる。そうしないと、雷に打たれて命は失われてしまう。

田部井さんがエベレストに登頂したのは5月であったが、第2キャンプでの真夜中、ズドーンとはらわたに響くような音がして思わず身を起こした。そのとたん、ものすごい勢いに吹きつぶされ、テントごと押し流されていった。息がどんどん苦しくなって気を失い、……気づいてみると、雪の上に寝かされていた。シェルパたちが埋もれていたテントをナイフで引きちぎって、引っ張り出してくれての命拾いであった（『山を楽しむ』岩波新書）。

このような死の瀬戸際に何度も直面しながら登山人生を歩んできた田部井さんに、衝撃の走る出来事が立てつづけに起きた。２０１１年3月11日に起きた東日本大震災と東京電力福島第一原発事故、そしてその翌年3月に発覚した腹部のがんである。

いくども被災地を訪れて活動をつづける田部井さんに気がかりなのは、心にポッカリと穴を空けてしまって覇気を失っている高校生たちのことである。

高校生には、その若いエネルギーを地域の復興に注いでもらわなければならない。何としてでも元気になってほしい。――切に願って始めた取組みは、日本一高い富士山に登って、その

「頂上に立ったこと」を誇りにして自信を取り戻すことである。

第一回目の富士登山の日は２０１２年7月21日、東北各地から集まった高校生60人に、山梨県の高校生30人が加わり、それに70名の登山経験者がボランティアで加わった。田部井さんは5合目で、「皆の一歩は4、50センチしかないかもしれないが、その一歩、一歩を続けることで頂上に立てる。ぜひ登ってきてほしい」と見送った。

トランシーバーから、登山の状況が伝えられ、ついに「全員、頂上に着きました」との報告が届いた。……「登ってきましたぁー」「やりましたー、また行きたいでーす」などと口にして下山して来る一人ひとりを、田部井さんは笑顔で出迎えた。「彼らの目はキラキラと輝き、その高揚した顔つきは、行く前のちょっと元気がなかった高校生とはまるで違っていた。うれしかった、ヤッターと思った」（『それでもわたしは山に登る』文春文庫）。

２０１６年7月26日、5回目の富士登山を迎えた。このときも福島・宮城から高校生93人が集まって来て、全員が富士山のてっぺんに立つことができた。田部井さんは7合目で隊列を離れて入院先へと戻った。「体の中の力が抜き取られたようにだるく、どうしようもない疲労感で全体がくるまれていた。座ることさえままならない」と書き記している（『再発！　それでもわたしは山に登る』文藝春秋社）。

高校生とのこの富士登山が、77歳の人生最後の登山となった。

＊　＊　＊

テレビのインタビュー番組で、田部井さんは「人生は8合目からがおもしろい」と語る。その理由は、教科書にはないことがいっぱい出てくるからである。

登りのきつい道を登って行くと息が荒くなり、疲れが溜まってくる。天候の変動が激しいと判断が間違いやすくなり、自分を見失う。心を落ち着かせ、頼りとなるのは自分しかいないと覚悟して気を張りつめる。一歩一歩登りつめて8合目となると眼下に眺望がひらかれ、宙の光景が目に飛び込んでくる。

2012年12月、バングラデシュの最高峰ケオクラドンの頂上に夫と立ったときには、次のような感慨を書き記した。——夕方、日の入りの風景は見事だった。真っ赤な大きな太陽が広い空の雲を朱色に染めつつ、沈んでいく。沈み切る直前の空の色の美しさ。森の木の枝々が朱色の空をバックに切り絵のように黒々と浮かび上がる。両方の目に入りきらない広い広い空間の中で陽は沈んだ。／明日の朝は、この頂上で日の出を見よう。(前掲『再発！　それでもわたしは山に登る』)

「私たちの人生」は山登りと大きく重なる。教科書に書かれていないことに次々とぶつかる実社会である。どう対処したらいいか、その解き方や答えはテキストを開いてもネットで探しても、どこにも書かれていない。眼の前で起きている事態をじっくり見極め、知恵を借りながら考え抜かなければならない。

社会の波にこうしてもまれながら、包丁の刃を研ぐように身も精神も磨きつづけていくと、必ず眺望がくりひろがる地点に身を置く日が訪れる。

＊＊＊

日々行われる授業でも、子どもたちには「山を登る」ことと同質の体験を積ませたい。板書をノートして、テストにそなえて記憶させる。問われて述べた意見は厳しく吟味されることなく、教師の掌中で手際よく処理されて先に進む。そういう授業のなかで知性や感性が研ぎ澄まされることはない。平坦に歩いていく授業に心を躍らせる子どもはいない。

教科書ではさらっと記述されていて気にも留まらずにいたことが問われて、ハッと目が開かれる。認識をぐらつかせるような指摘が教師から出され、友達から考えてもみなかった角度からの発言がなされる。ため息が出て頭をひねって教材と向き合っていると、眼下に新しい地平がひらかれてくる。そういう授業を子どもたちは待ち望んでいる。

斎藤喜博さんの「森の出口」の授業を思い起こしたい。ありきたりに考えていた「出口」の解釈に対して、「そんなところは出口ではない」と校長先生に口をはさまれた子どもたちは、「びっくりして、本を小わきにかかえて立ち上が」ったり、「腰を浮かせて、ぼうぜんとし」たりして、「自分たちの解釈の正当性を、さまざまの角度から」主張して、先生のしている間違いを正そうと試みた。

しかし、「島村の出口に来た」と声にするときのことを思い起こされると、「『うん』と強くうなずいたり、『そうだ、わかった、わかった』といったり『わたしもそう思う』といったりしながら、今までの自分たちの考えを否定し」、子どもたちは校長先生の「出口の解釈」のほうに身を移していった。

この場面は川島浩さんによって撮影されていて、激震が走ってその渦中を何とかくぐりぬけて、安らぎを覚えていく様子がカメラに収められている（『未来誕生』一莖書房）。斎藤さんは、このときのことを次のように書き綴る（『教育学のすすめ』筑摩書房）。

――それはちょうど、子どもたちが、自身でそれを発見したような満足した様子のものであった。話し合いが進むにしたがって、その顔は、さらに充足していった。新しい高い世界、広い世界に出た喜びに、花の咲きほこったような顔になっていた。「出口」ということばが、森と、そうでないところの、厳密な線のところばかりでなく、もっと広い範囲もさすことを知ったことがうれしくてならないのだった。――

生前に造られた田部井淳子さんの墓には、小学4年のときに山に連れて行ってくださった渡辺先生の書「山」が刻まれているという。

言葉と出会う

――若松英輔さんから辰巳芳子さんへ、栗田宏一さんへ

若松英輔さんの『生きる哲学』（文春新書）を読んだ。

私たちは多くの言葉を知っている。だが、知ることと生きることは違う。知ることはしばしば対象の周辺をなぞることに終わる。しかし、生きるとき、人はそれと深く交わらざるを得ない。――このように述べて、若松さんは書き始める。

「生きる」とは「言葉と出会う」ということであるのだが、「人はしばしば、自分が出会うべきものが言葉であることを見失っている」かもしれない。「誰もが、すでに自分の手に握り締めている」が見失ってしまっている言葉と出会う。そのための道程が、「生きる」ということだと言っていいかもしれない。

このように認識する若松さんは、同書の序章を【生きる】から始めて【歩く・彫る・祈る・喪う・聴く・見る・待つ・感じる・目覚める・燃える・伝える・認める・読む・書く】という14の言葉、それも動詞を章名として書き綴る。

それぞれの動詞と私たちを深く出会わせるために、副題に掲げられるのは次の方々である。――池田晶子・須賀敦子・舟越保武・原民喜・孔子・志村ふくみ・堀辰雄・リルケ・神谷美恵

子・ブッダ・宮沢賢治・フランクル・辰巳芳子・美智子皇后・井筒俊彦。

＊＊＊

第12章は「認める　辰巳芳子と『いのち』」である。料理家として私も知る辰巳さんについて、「辰巳は、『食』を窓にして、『光』をたよりにしながら、『いのち』とは何かを考え続けてきた」と若松さんは教える。

「台所仕事は、土が生み、育んだもの、水の中で生まれ、養われたもの、『いのち』あるもので『いのち』を作ることだ」。このように述べる辰巳さんにとって、「料理」とは「ふれ得ないもの、見えないものを、この世界に顕現させる」ことである。

東日本大震災の起きるずっと以前から、原子力発電に反対の意思表明をしてきた辰巳さんは、原発推進に突き進む政府や電力会社に問いかける。――あなたがたはご自身の子や孫に、放射能の含まれた海産物を、『残さずめしあがれ』と言えるだろうか？

若松さんのこの著書に導かれて、私は『辰巳芳子のことば』（小学館）を読んだ。「鍋の中の景色が美しいようでなければ、美味しい味には絶対にならないわね」といった言葉が随所にある。

・炒めるときのヘラ使いにしても、野菜がいやがるようなヘラ使いをしてはだめですね。野菜がまごつかないようにヘラ使いをしなきゃならない。

・多くの種類の野菜を使いながら、ひとつひとつの野菜の個性を失うことなく、しかも全部の野菜の旨みがまとまってひとつのけんちん汁の味になっています。
・躾けると言う字は「身」に「美しい」と書くでしょう。美しさはね、智恵が手足のどこまで及んでいるかで決まります。そういうことで美しさが出てくると思う。

こうして、辰巳さんの語る数々の言葉にふれていくと、教育の世界が料理の世界と深く通じていることに気づかされる。教育とは、子ども一人ひとりの「いのち」と向き合って、奥深くに秘められている「ゆたかな可能性」を「顕現」させるいとなみである。

ある講演会で、辰巳さんは「何かを食べて、本当に美味しいと感じるとき人は、何ものかによって自分の存在が認められたと感じる。自分は、生きていていいんだ、と強く感じる」と語ったそうだ。学ぶということ、育てられるということは、子どもにとってこういう喜びを味わうことなのだ。

この第13章は「認める　辰巳芳子と『いのち』」と題されていた。「知る」は「ずばりと知覚する」ことであるが、「認める」は「じわじわと定める。じわりと心にやきつける」ことを言う（『学研新漢和大辞典』）。私たち人間にかぎらず、この世に生を享けた生きものは、自分の存在に目が注がれて「認められた」と感じたとき、言葉に言い表しがたい喜びを味わう。

＊　＊　＊

ドキュメンタリー映画『天のしずく』のＤＶＤを観た。料理に向き合う辰巳さんの日々を追った映画である。見入っていると、向こうから畑を歩いて来て、スコップで土をすくってビニール袋に入れる人が映された。

〝この人〟はいったい誰なのだろうと気になった。後半部で「土にさわるっていうこと、土と一体になるってことは、土と私たちのいのちってひとつだと思います。それを体感することのない暮らしは弱いわな」と辰巳さんは語った。

その言葉を受けて、長野県の松代の武術場に、一握りずつの土を正方形の和紙の上に平らにして並べる〝この人〟が再登場し、「美術家栗田宏一　〝土〟の美しさ、尊さをアートを通して伝える」とテロップが出た。

栗田さんが和紙に並べたその数６００の土は、北海道から沖縄までの野や畑、崖などから拾い集められたものであった。武術場に足を踏み入れた辰巳さんは「あー、あらら、きれいね。うう－ん」と息を呑む。そして床に手をついてしゃがみ、首を傾げてずらりと並ぶ土を眺め入り、「考えられないわね。こういう色を土がもっているなんて。目線を低くして眺めると、親近感が、あたたかみが感じられる」とつぶやいた。

「土の視点で見ることは、なかなかないんですよね」と栗田さんが話すと、「土の気が感じられるわね」とうなずき、二人は土と離れては存在することのできない人間についてしばらく語り合っていた。

栗田さんの行っていることについて知りたくなった私は、『土のコレクション』（フレーベル館）、『秘土巡礼』（INAX出版）、『土の色って、どんな色?』（福音館『たくさんのふしぎ傑作集』）を購入した。それぞれの本を繰りながら、「土」の一つひとつの〝表情〟をまじまじと見入った。

奥付によれば、栗田さんは1986年からアジア全域、中近東、中南米、アフリカなどを旅しながら、足もとの土や石を手がかりに、ありのままの自然の美しさを私たちに知らせることを始めた。96年になると日本列島の土の色の多様性に着目して土採集に取りかかり、その土を三次元的に表現する展示を各地で催すようになった。

『土の色って、どんな色?』を開くと、右ページには栗田さんが畑や土手や崖で土をすくう写真が、左ページにはその土を乾燥させてふるいにかけて現れた〝土の顔の表情〟が載っている。そして、次のような一言が添えられる。

- 黒っぽいのが、関東平野の畑の色。関西の畑の土は、白っぽい。（茨城県大洗町）
- 渥美半島の大根は、まっすぐ伸びる。畑の土に、石ころが混じっていないから。（愛知県田原町）
- 田んぼの土は、日本中どこでも、だいたいグレーだ。でも、色合いは少しずつ違う。（兵庫県吉川町）

・夏は、草におおわれて見えなかった。こんなところにも、こんな土が。(広島県高宮町)
・海風が、冬の棚田を吹きあがる。田んぼの土が、めずらしく赤い。(佐賀県玄海町)
・まるで土のパレット。いっぺんにたくさんの色にであった。(福岡県宗像市)
・雪解け水につかって、灰色だった土。乾かしたら、まっ白に生まれ変わった。(北海道当別町)

一つの小さな国で、どうしてこれだけ多くの、多様な〝土の顔の表情〟を見ることができるのか。それは、日本列島では地震が頻繁に起きてきたので、そのたびに「地球の皺」が入り込み、土が複雑にブレンドされることになったからだと栗田さんは述べる。

＊　＊　＊

コレクションとは、ある特定のものを趣味として集めることを言う。シール・昆虫・切手・骨董など、子どもから大人まで多種多様なコレクターが存在する。ベンヤミンなどの哲学者によれば、コレクションとは「事物が本来の実用的な機能から切り離されて、日常とは別の体系に組み込まれること」だという(ウィキペディア)。

栗田さんは車で寝泊まりしながら、各地を巡って土をすくい集める。銭湯で湯船につかって疲れを癒していると、お年寄りが話しかけてきて話を交わすことがある。そのときよみがえるのは、さっきまで触っていた「土の感触」だそうだ。

「土の硬さ、粘り気などの微妙な土の性格が、はっきりとその老人の気性に表れている。そのとき感じたのは、毎日踏みしめている大地の感触が人に影響を与えないということはありえない」。すくい取ってきた土に、「旅してきた土地で出会ってきた人や風景の記憶を重ねてみると、『風土』と言う言葉が立ち現われて」くる（『秘土巡礼』）。

それぞれの地の〝土〟をすくい取り、そこに生きている人たちの表情に想いをはせながら、その〝土〟を「美の体系」に組み入れて鑑賞に供する。栗田さんの配した舞台に立つことになった土たちは、晴れがましく私たちを見つめているにちがいない。

新しいことばと出合うたびに、新しい自分と出会う

——広辞苑（第7版）の出版

日本で最も権威のある『広辞苑』が10年ぶりに改訂され、第7版が出版された（2018年1月12日）。新たに1万項目が追加されて、付録の『漢字小辞典』『アルファベット略語一覧』をふくめると収載項目は約25万だという。旧版より140ページ増となったが、高度な印刷・製本技術の採用によって幅8㎝は維持されている。

追加された新語を見ると、「スマホ」「アプリ」をはじめとする多くのIT用語が目につき、教育に関わるところでは「ゆとり教育」「アクティブラーニング」「ピザ（PISA）」が、そして「東日本大震災」「熊本地震」もしっかりと加えられている。

『広辞苑』は小百科事典としても活用されていて、この10年の物故者から次のような方々が登載された。——まどみちお・吉野弘・鶴見俊輔・吉本隆明・永六輔・やなせたかし・山崎豊子・朝倉摂・大島渚・高倉健・渥美清・菅原文太・三國連太郎・森光子・小沢昭一・大鵬・小渕恵三・土井たか子・ネルソンマンデラ・マーガレットサッチャー——

ちなみに、吉野弘は【詩人。山形県生まれ。生きる意味を日常生活のなかから拾った詩「祝婚歌」「虹の足」「夕焼け」などは学生らに愛唱された。（1926〜2014）】とある。

この年の1月、ビットコインによる損害事件が連日のように報道されていて、私は理解にとまどった。ためしに『広辞苑』を引いてみると、なんと「仮想通貨」が登載されていて驚いた。目新しい事態が降って湧いているのではなかったのだ。「貨幣としての実体や強制通用力はもたないが、一定数の利用者がその価値を認め、主にインターネット上で貨幣として取引に利用する電子的情報」と、簡にして要を得た説明を載せる『広辞苑』である。

＊＊＊

岩波書店は第7版出版当日に、全面広告を各新聞に掲載した。「そうか、こういう意味なんだ！」と、『広辞苑』を開いてほほえむ若い女性の写真が一面を飾り、【ことばは、自由だ。】と次のように呼びかけた。

——新しいことばと出合う。そのたびに、新しい自分と出会ったように、感覚がひとつずつ増えていく。10年前の私と、いまの私は違う。10年前のことばと、いまのことばも違う。時代も、人も、ことばも、生まれては変わっていく。すべては可能性に満ちあふれている。さあ、変わることを恐れず、どこまでも自由に、私らしく、ことばと生きていこう。それが、新しい私をつくっていくんだ。——

ここには、「ことば」が避けて通ることのできない宿命が述べられている。10年も経つと新しいことばが巷にあふれていて、その代わりに使い慣れていたことばが消えている。私たちが生活のなかで使っている言葉を10年ごとに点検して、国語辞典の改訂に努める出版界である。

＊＊＊

先に掲げた広告文を読んで、「あれっ」と私は目を止めた。それは、「新しいことばと出合う」と「新しい自分と出会った」の二つの「出あう」が使い分けられていることである。二つの「出あう」には、どのような違いあるのだろうか、『広辞苑』を引いて確かめることにした。すると、「であう【出合う・出会う】」と二つは併記されていて、「(偶然または初めての) 人や物事などに相まみえる。ゆきあう。でくわす。めぐりあう」とある。つまり、「出合う」も「出会う」も、その意味合いは大きく異ならないということになる。

しかし、国語辞典の広告文の冒頭部分で使い分けていることからすると、何かを読者に伝えたいにちがいがない。そこで、「あう」を引いてみると、「あう【合う・会う・逢う・遭う・遇う】」と5つの「あう」を挙げていて、それらの意味合いの違いを二つに分けて述べる。

つまり、「合う」は「二つ以上の事物が寄り集まる、一つに集まる、合する」ことで、残りの「会う・逢う・遭う・遇う」は「二つ以上が寄り集まり、相手を認める」ことだという説明である。あまりにも大雑把で、それぞれの漢字のもつ意味合いが浮かび上がってこない。

しかたがないので、別の辞典に当たることにした。『学研新漢和大辞典』(学習研究社) は「会」の項目で、「会」のもつ語義を詳しく説明し、その後、他の「あう」との意味合いの違いを明らかにする。それによれば、「合」は「ぴったりとあわさること」、「逢」は「両方から進んで来て、一点で出あうこと」、「遇」は「二つのものがふと出あうこと」、「遭」は「ひょっこりと出あうこと」である。

『現代漢語例解辞典』（講談社）は、「会合」という熟語に着目して、「会」と「合」の意味合いの違いに光を当てる。「会」は「会議・集会・照会・会計・会葬・密会」といった熟語から分かるように、「ひとつのところにあつまって、あう」ことで、「合」については「合議・集合・照合・合計・合掌・談合」という熟語を挙げて、「ぴったりとあわさること」だと言う。

『類語国語辞典』（角川書店）は、「会う」は「特定の人のそばに行って顔を合わせること」、「遇う」「遭う」「邂う」は「そうなると思っていないときにたまたま一緒になること」、「逢う」は「両方から来て、約束して一緒になること」と区分ける。そして、遇・逢は「会」で代用すると補足する。

このような語釈をふまえるならば、「新しいことばと出合う。そのたびに、新しい自分と出会ったように、感覚がひとつずつ増えていく」というこの一文を、私は次のように読み取ることにしたい。

――辞書を引いて知らなかったことばの意味が分かって、「そうなんだ」と心から納得する。そのたびに「新しい自分」と顔をあわせたような感覚が一つひとつ増えていく。

＊＊＊

若松英輔さんは、言葉が生まれた原初の産声を聴き取るとともに、時代を経て使われてきたその足取りをたどりながら、言葉の深奥の世界に誘ってくれる。私はその深いまなざしに接するたびに、心がもみほぐされる。

多くの「あう」のなかから、若松さんが着目するのは「逢う」と「会う」である。「会って、顔を見たり、言葉を交わしたりするのは難しくない。しかし、心と心がふれ合うような出来事を『逢う』というのだとすれば、それを人が造り出すことはできない」。

こう述べたあとで、「会う」が「何かと出会った瞬間を指す表現」だとしたら、「逢う」は「めぐり逢うまでに要した時間、あるいは、会えなかった時間を含む、持続的な時の流れを包み込む」ようにも感じられると、若松さんは書き記す(『言葉の羅針盤』亜紀書房)。

話し手にとっての時間の意識に着目させられて、あらためて省みると、確かに「逢う」以外の「あう」は何かに出あう(出あった)その時を、ピンで止めるように話している。しかし、「逢う」だけは、「逢う」に至るまで紆余曲折のあった「たゆたう時の流れ」をふくみこんで、「逢えた」ことをいとおしんでいるように思える。

『逢う』ためにもっとも大切なのは、待つこと」で、「待つことにこそ、意味がある」と若松さんは言い切る。そして、「どんなに会いたいと思う人であっても、無理して会わない方がよい」と諭す。なぜなら、「意図的に会おうとすると、逢うことができなくなる。さらに言えば、会いたいと思う強い気持ちが、めぐり逢うことから私たちを遠ざけることもある」からだと、そのわけを述べる。

広辞苑に限らずどの国語辞典であっても、一つひとつの言葉が秘めている趣きというか味わいというか感触というものについて記述するスペースはつくりえない。「言葉のもついのち」をいつくしんで語ってくれる若松さんのような方に巡り合って、その語るところに耳を傾けて、ことばの感覚をゆたかにみがきつづけたい。

「まなざす」という動詞と出遭った

菅野仁さん（社会学者）の『友だち幻想』（ちくまプリマー新書・2008年初版）を読んだ。最近の若者を見ていると、菅野さんには気にかかることがある。「身近な人との親しいつながりが大事だと思っていて、そのことに神経がすり減るぐらい気を使って」いるのだが、うまくつながりが築けなくて「友だちとの関係を重苦しく感じて」しまっているようなのだ。

人と人とのつながりを見つめ直して、現代社会に求められている「親しさ」はどのようなものか、根本からとらえなおすための「見取り図」を描きたい。そう考えての同書の上梓である。

私たちは「子どもから大人になるプロセス」にあたる十代後半に、「他者とコミュニケーションを取り交わす作法」を学び取る必要がある。高校時代というのは「自分から相手をまなざすと同時に、相手から自分に向けられるまなざしを受け止めながら、〈いま・ここ〉の自分のあり方を振り返り、とらえ直す作法」を身に着けるきわめて重要な時期にあたる。

しかし、「ムカツク・うざい・ていうか・ヤバイ」といった言葉を多用してこの時期を過ごしていると、「知らず知らずのうちに他者が帯びる異質性に最初から背を向けてしまうような身体性を作ってしまう危険性」に陥る。これらの言葉は「自分から相手を一方的にまなざすばかりで、相手からのまなざしを回避してしまう道具としての性格」を帯びることになるからだ。

菅野さんの指摘には説得力があって、私は共感を覚えながら読み進めていった。ところが、ここに挙げたくだりにきて戸惑った。これまで目にしたことがなく、耳にしたことも口にしたこともない動詞「まなざす」に出くわしたからである。

＊＊＊

私の思考をもたつかせることになった「まなざす」、この言葉を登載する国語辞典はないと確信して辞書を引いてみて驚いた。なんと『広辞苑』が第6版（２００８年初版）から載せているのだ。


〇まなざし【眼差・眼差】目の表情。目つき。まなこざし。

〇まなざす【眼差す】（「まなざし」の動詞化）視線を向ける。見る対象とする。指向する。


しかし、他の辞書がいずれも登載していないことから判断するならば、「まなざす」は多くの人が用いる日常語になっていないと言える。それにしても、古くからなじみの深い名詞「まなざし」を動詞化して、「まなざす」と言う必要性はあるのだろうか。

「まなざし」という言葉は〝おもむき〟を漂わせていて、私たちはその情趣をそのまま伝えるように、「まなざしを向ける」「まなざしを送る」と口にしてきた。また、そのときの情趣について「優しいまなざし・温かいまなざし・冷たいまなざし・敵意に満ちたまなざし・真剣なまなざし」などと言い表してもきた。新明解国語辞典はその辺に目を配って、「まなざし」は「〔その人の心情があらわれる〕ものを見るときの目（目を向ける方向）」であると語釈する。

私の本棚には『星野道夫　永遠のまなざし』、押田成人『遠いまなざし』、下条信輔『まなざしの誕生』、中村麻由子『〈まなざし〉の教育学』、植田正治・鷲田清一『まなざしの記憶』、鶴見俊輔『まなざし』がある。書名に「まなざし」という言葉があると、つい心が惹かれて読もうと思う私である。

ネットを開いてみると、「まなざす」は「誤用に近い、気色が悪い、日本語として変だ」といった主張がいくつもあって、私は勇気づけられた。しかし、「自分は使わないが、日本語として何も問題はない」と述べる人たちもいて、４年ほど前（２０１６年）にTwitterで言い争いがあったことを知らされた。

＊　＊　＊

「まなざす」という言葉に目を細めている私は、アマゾンを検索していて『原爆をまなざす人びと』（新曜社）という本があることを知って、早速に購入して読んだ。

本の帯文には、「今を生きる私たちは、原爆をどのように理解し、受けとめているか。八月六日の広島平和記念公園。そこに集い、思い思いに〈原爆をまなざす〉無数の人びと。その姿を映像によって多角的にとらえ、この日この場所の人びとの営みの全体像を理解し、その意味を解きほぐす試み」とある。

松尾浩一郎さん・根本雅也さん・小倉康嗣さんは、原爆をテーマにそれぞれの角度で研究してきていたが、「ともに共通して、どうしても気になる風景」があった。それは爆心地にほど近い平和記念公園で、「毎年八月六日の原爆忌に繰り広げられる光景」である。

平和を祈念する式典は原爆の投下された8時15分に架かって開催されるが、明け方から夜遅くまで無数の人が公園に集まってきて、それぞれのやり方で「さまざまに原爆と向き合って」いる。原爆慰霊碑に祈りを捧げる人に「まなざし」を向けつづけていると、「ゆっくり祈る人、足早に祈る人、遠くから祈る人、写真を撮る人、散歩ついでに祈る人、観光気分で祈る人、会社帰りに祈る人、プロ野球観戦帰りに祈る人……」と、その在りようは一様でない。

「祈る姿の空気感、祈るたたずまいを見ていると、原爆への関心、慰霊への想いの手ざわりの違いを感じ」、この「独特の空気を醸成する」のは、「ここに集う人びとの死者へのまなざしが織りなす死者の気配」のように感じられた。

とくに胸が熱くなるのは、真夜中の閑散とした慰霊碑に若者たちが「三々五々と、しかし絶え間なく次々に」手を合わせに来ることである。——世間一般には知られることもなく、しかし毎年必ず現れるこの若者たちは、原爆の〈現在地〉の重要な一面を、そしてその未来を指し示す存在なのではないか。

このように考えた松尾さんたちは、「8月6日の平和記念公園」という「時空間」に集まる人びと、つまり、〈原爆をまなざす人びと〉に焦点を合わせてフィールド・ビジュアル調査を開始した。8月6日のこの公園で見受けられるものごとの「全体をくまなく捉える」ためには、「できるだけ多くの調査員の目」を「公園内のさまざまな場所に向けて、同時かつ集合的に、しかも組織的に観察しなければならない」。そのように認識したからである。

様ざまに繰り広げられている多様な人びとの多様な行為を、「あなたの視点でまなざし、これらの問いに対する自らの『答え』を考えてほしい」と、読者に願う同書である。

被爆70周年となった2015年8月6日の深夜、慰霊碑に祈りに来た人と言葉を交わした記録のほんの一分を、同書からそのまま引用する。

○0時5分、一人で来て、とても丁重に祈っていた島根県出身の男性

平和学習というのはやっぱりしたことがあったんですけど、そのときは、こういうことがあったんだなっていうような感想でしかなかったんですけど。まぁもちろんすごい悲惨な、あの、やっぱり資料とかいうのは見たうえで、まぁなんて言うんですかね、ちょっと軽い感じでちょっと捉えてたぶんあったんですけど、やっぱり大人になってみると、こうして家族とか持ってみたりすると、その重みっていうのがちょっとわかるかなぁっていうので、はい。

○1時25分、一人自転車に乗ってきた飲食店の店長の女性

あの、夜働いてるんで、あ昼から働いてるんで飲食店で、ずっと働いてるんで。もう、ここ何十年と、あの、朝昼来れないんで、夜、仕事が終わった帰りにお祈りというか、来るんです。これからの広島もね、やっぱり平和な世界に、平和な国に、平和な町にっていうふうに願っているんで、やっぱりちょっとお祈り？　うん。あとあそこにも書いてありますけど、安らかにお眠りくださいっていう思いですね。

○2時6分、二人で並んで慰霊碑にお辞儀をして、長い間手を合わせて丁寧に祈っていた30代の夫婦

自分一人じゃ、ね、世界も変えられんし、大きいこともできんけど、その一つひとつの、一人ひとりのこれが、もっとこうパーってなったら、なにかが変わるんじゃないかなって僕はまた信じるという感じですね、いまは。

（ここは）どんな場所かって言われたらもう、ほんとに、いろんなものをひっくるめて、なんかもう、なんか、いのちがあるなって。祈りもいのちだし、その、植物も全部いのちだし、ここに集まる人も、いのちだし、いのちがバッとなくなった場所でもあるけど、ね、いのちがいっぱい、全国から、世界から、世界中から集まって、ひとつになっている場所でもあるし。

＊＊＊

この本を読み終えて、私の認識はあらたまった。動詞「まなざす」は、『広辞苑』の掲げる「視線を向ける」といったふつうの行為を、もったいぶるように言っているのではない。そういう用い方であれば、「気色が悪い」と指摘されてもおかしくないが、「まなざす」という動詞には、視線を送っている対象（人やものごと）と深く関わりをもって、何かを汲み取ろうとする能動性が込められている。

私の「まなざす」の語釈は、次のとおりである。――目線を送っている対象をさりげなく視界に入れたり、目を皿にして見落とさないように見たりして、明らかにしたいことに迫り、また自身に問いかけて見つめ直そうとするひたむきな行為。

動詞「まなざす」は、多くの人たちが日常語として使うようになることは今後もないように思う。しかし、ドラマ「家政婦は見た！」で市原悦子さんが行っていたのは明らかに「まなざす」という行為であったし、ドラマに登場する探偵や刑事は「まなざす」ことの達人であると言える。

教室で教師は子どもに温かいまなざしを送ったり、厳しいまなざしを向けたりする。明確な教育的意図をもったその行為の質は、「まなざす」にふさわしいものとなる。しかし、心に止めなければならないのは、そのとき子どももまた教師を「まなざしている」ことである。

んとす・んぼ・んない・んんん？？
――国語辞典を締めくくる言葉

第20回ＮＨＫ全国短歌大会が開かれた（２０１９年2月19日）。題詠は「天」で、４０９３７首の中から18人の歌人によって選ばれた入選歌が披露され、大会大賞の発表となった。「題詠の部」の栄えある大賞は、関根裕治さんの次の一首である。

天からの授かりものであるきみはまだ人よりも雲に似ている

生まれたばかりの赤子を「天からの授かりもの」として慈しみ、「きみ」は「人」に似ているというよりは、まだ「雲」に似ているなと目を細めて慈しむ作者のふしぎな感慨が伝わってくる。

永田和宏さんは「自由題の部」の特選第一席に、次の一首を選んだ。選歌の理由を述べるとき、永田さんは言葉をふるわせていた。

避難所のどこに置くのか通信簿見せたい母のいないその子は　　阿部みゆき

3・11の東日本大震災の津波で家を失った子どもが、終業式を終えて通信簿を避難所に持ち帰った。たぶん学校の体育館であろう。段ボールで仕切られ、布団をあてがわれただけの狭い空間の、どこに置いたらいいのだろう。「ただいま、お母さん」と言って見せると、「よくがんばったね」と頭をなでてくれる母はいない。いたいけなその姿を目にした作者は、あれから八年が経つ今も、そのときのことを忘れられずにいる。

＊　＊　＊

「自由題の部」で伊藤一彦さんが特選第一席に、水原紫苑さんが特選第二席に選んだのは、金井千露さんの次の一首である。

「んとす」とふ言葉に終はる広辞苑地球の窪みに嵌つたやうで

広辞苑（第6版）が最後に登載する言葉が「んとす」であることに目が留まった金井さんは、一瞬、「地球の窪みに嵌った」ような気持に陥った。耳にすることのない、口にすることのない「んとす」を最後に載せて、広辞苑が分厚い辞典を締める。「んとす」という言葉は、辞書に載せるほど重要な日本語であるのか——。地球の窪みに嵌り込んで身動きができなくなったような心境になったのだろう。

この短歌を詠んで、私もまったく同じ思いであった。「んとす」などという言葉は目にしたことがなく、このような語を載せるスペースがあるのであれば、もっとほかに載せるべき言葉があるのではないかと首をひねった。

さっそく広辞苑を開いてみた。登載語数約25万の最後の言葉は確かに「んとす」で、《⇩「むとす」》と表示して、「終わりなんとす」と語例を付けている。巷にごまんとある言葉を吟味して絞り込み、時代とともに変遷する言葉の現時点での使われ方を点検して、ようやく荷を下ろすことになった。「終わりなんとす」には、編纂に携わってきた人たちの万感の思いが込められているようだ。

「むとす」を引くと、《推量の助動詞「む」に格助詞「と」とサ変動詞「す」の付いたもの。「んとす」とも》と、この言葉の成り立ちを解説し、「まさに……しようとする。……するつもりだ。」と、その語意を載せる。新明解国語辞典（第5版以降）には、「んとす」は「むとす」の変化したものと断った後に、「事態の実現のさし迫っていることの予想や、主体の意志の発現が間近であることを表わす」と、少し格調のある解説が付いている。

こうして「んとす」の使われ方を知ると、「今、令和の時代の幕が明かんとす」といった言い方を目にしているように思うし、「君の言わんとするところはよく分かった」と口にしてもいる気がする。東京オリンピックの開会式では、アナウンサーは「今、聖火台に点火されんとしています」と、注目するその瞬間を伝えることになるだろう。

広辞苑は「んとす」の用例を古事記や伊勢物語から挙げていて、この言葉は、古い時代から文中の「窪みに嵌る」ようにして生きつづけてきているのであった。

＊＊＊

「ん」行の言葉を辞書で引くことなどこれまで全くなかった私であるが、この短歌と出あって興味を引かれ、何冊もの国語辞典にあたってみた。

何はさておいて広辞苑である。第1版（1955年1月1日）からずっと最後の締めを「んとす」で通してきたこの国民的辞書は、第7版（2018年1月12日発行）で、その座を「んぼう」に譲った。「んぼう」《(多くの動詞の連用形に付く) そういう性質・特色をもつ人や事物。「んぼ」とも。》と記し、語例として「暴れんぼう・食いしんぼう・赤んぼう・さくらんぼう」を挙げる。63年の年月を経ての新語の追加である。

ところで、前掲の新明解国語辞典が載せる最後の言葉は、ずっと以前から「んぼ」であった。同辞典は「んぼ」は《「ん坊」の短呼》と述べ、「甘えんぼ・おこりんぼ・立ちんぼ・けちんぼ」等をも語例として挙げる。そして、第6版になると「人について用いるものは、軽い侮蔑を含意することが多い」と一言添えるようになった。言われてみると、「甘えんぼだね」とか「けちんぼ！」と言ったりするとき、たしかに「軽い侮蔑」の感情を漂わせているように思う。

同辞典の言葉感覚に敬服したことがもう一つある。それは、「甘えんぼ」などとは異なる「隠れんぼ」「通せんぼ」を別に掲げていることである。子どもたちの好きな「隠れんぼ」や、両手を広げて通ろうとするのを邪魔して遊ぶ「通せんぼ」には、幼い子どもが無邪気に楽しむ世界が漂う。

そう考えると、つくしを見つけて「つくしんぼ見つけた」と声を上げるときの「んぼ」にも、それに近い情感がある。私たちは、「んぼ」に軽い侮蔑を含めたり、愛おしく見つめる目を覗かせたりして親しんで用いてきているのであった。

明鏡国語辞典は第1版では「んとする」を最後に載せていたが、第2版（2010年12月）では「んない」で締めることになった。「んない」は《関東以東の方言で、動詞・助動詞の未然形活用語尾「ら」「れ」が「ん」に変わる現象》であると説明して、「その動作・作用の打ち消しを表わす」と教える。

分かんない・つまんない・たまんない・やんない・つくんない・気になんない・話になんない・うれしくてなんない・信じらんない・考えらんない・そうかもしんない・会ってくんない・貸してくんないと、私にも思い当たる語例が数多く挙げられている。

標準語では「分からない・つまらない・信じられない・考えられない」と言うのだが、関東以東の人びとは感情を強く込めて「……んない」と言う。そう言われれば、「つまんねえ」「信じらんねえ」とぞんざいに吐き出すように言う「……んねえ」も、私のなかにはある。この「んない」は、関東より西の人たちには抵抗感のある、ちょっと「分かんない」言葉になっているのかもしれない。

＊＊＊

三省堂国語辞典は、この言葉の後につづく「ん」は絶対にない「んーん」で幕を閉じる。

《①ひどくことばにつまったときや、感心したときなどの声。うーん。②〔女／児〕〔二番めの音（オン）を下げ、または、上げて〕打ち消しの気持ちをあらわす。ううん》

「初代編集主幹の見坊豪紀も、『盲点だったことば』を多く辞書に載せています。その最たるものをひとつ挙げるならば、何と言っても、『んーん』でしょう」と、編者の飯間浩明さんは述べる（『辞書を編む』光文社新書）。

そして、次のようにつづける。――「んーん」、使いますよね。意識したことはありませんか。／「いいえ」の意味で首を振るとき、「ううん」とも言いますが、口を閉じて「んーん」とも言います。／「今何か言った？」「んーん、言ってないよ」／という、返事のことば、否定の感動詞です。辞書の見出しでは「んんん」となります。

この「んんん」を探し当てるために、見坊さんは何と10年以上の年月を費やしたという。んーん。辞書を作る仕事は大変だとため息が出る。

「身の丈に合った……」ということ

２０２０年度から実施されることになっていた大学入試への英語民間試験導入は、萩生田光一文部科学大臣の「身の丈に合わせて」発言で見送られることになった。テレビ番組で「民間の資格試験を使うということは、お金や地理的な条件に恵まれている人の受験回数が増えて、それによる不公平はどう考えるのか」と聞かれての大臣発言である（２０１９年10月24日）。

――そういう議論も正直ありますけれど、それを言ったら「あいつ予備校に通っていてずるいよな」と言うのと同じだと思う。裕福な家庭が回数多く受けられ、ウオーミングアップできるみたいなことは、もしかしたらあるかもしれないけれど、そこは「自分の身の丈に合わせて」、二回を選んできちんと勝負して頑張ってもらえば……、できるだけ近くに会場を作れるように、業者や団体の皆さんにおねがいします。――

「身の丈」とは「背の高さ、背丈、身長」を指し、「身の丈、六尺あまり」といった言い方が古くからされてきた。しかし、「身の丈に合わせて」と言うとき、その意味は「背の高さ」から離れて「能力や器量、財力、立場」などを指すように変わる。「身の丈に合った生活を、考えたほうがいいよ」と言われたならば、「望みが高すぎるから分相応の生活を送るほうがいいんじゃない」と、たしなめられている。そのように受けとめなければならない。

＊＊＊

グローバル化が急速に進展するこんにち、高校の英語教育には「読む・書く」のみでなく「聞く・話す」を含めた4技能の育成が求められ、授業は英語を介して行うように指導されている。

教育再生実行会議や中央教育審議会では、高校教育を大学教育とどのように接続するかを俎上に載せた。そこでの議論を経て、受験生に英語4技能が備わっているかどうかの適切な評価が大学・短期大学の入試に求められた。

そのツールとして導入されることになったのが、民間業者の行う資格検定試験である。しかし、年何回も実施される業者試験には公正性が保たれるか、受験の機会は公平に与えられるかと、次のような指摘が大学側からも高校側からも出されていた。

①7業者（ベネッセコーポレーションや日本英語検定協会等）に任せた個々の試験では、現行の「センター入試」で求められているような厳格な対応は難しいのではないか？

②試験会場が都会に偏って、居住地が遠隔となる生徒に交通費や宿泊費等で負担を強いるものとならないか？

③高校2年までに受験した当該試験で大学が求める水準に達している生徒に、3学年になってあらためて受験させる意図はどこにあるのか？

④受験にあたって掛かる料金（1回5800円から2万5380円）は高すぎないか？
文部科学大臣は受験生に呼びかけた。――気にかかることは多々あるでしょうが、それぞれの「身の丈に合わせて」頑張ることにしましょう。

教育行政をつかさどる最高責任者が発した「身の丈発言」は受験生の肩に重くのしかかり、厳しい抗議が各層で巻き起こった。大臣は六日後に「結果として、国民、特に受験生に不安や誤解を与えることになってしまった」と同発言を撤回したが、それで収拾できるような状況ではなくなっていて、その二日後に、2020年度からの民間試験導入見送りが言明されたのである。

＊＊＊

山田洋次監督の『武士の一分（いちぶん）』（原作・藤沢周平『隠し剣秋風抄』）は、藩主の毒見役を務める三村新之丞（木村拓哉）を主人公にして展開する。「一分」というのは、その身に立つ者は誰もがそなえていなければならない面目や矜持を言う。

三村は最愛の妻・加世（壇れい）とつましく暮らす下級武士で、早めに隠居して子どもたちに剣を教えたいと夢見ていた。毒見役の任務は、藩主が食事を執る一時間ほど前にその料理を食し、毒が入っていないことを身をもって確かめることである。「何と馬鹿げたお役目だ」とその手応えのない役付きに気乗りしないのだが、清廉に実直に日々を過ごす三村夫婦であった。

ある日のこと、三村は食した貝の毒にあたって意識不明に陥った。妻らの介抱が功を奏して三日後に意識は取り戻せたが、失明する身となった。

宝塚歌劇団を退団した檀れいにとって、映画出演はこの作品が初めてである。「あなたにとっての一分は？」と問われると、映画は「ごまかしの利かない世界ですから、きちんと責任をもつことです」と答えた。そして、「人として真っすぐに生きていかないと、その人が全部画面に出てしまうと思います。だから自分を大事に生きて行くこと。それが私の『一分』ですね」と述べる壇である（映画パンフレット）。

第30回日本アカデミー賞優秀作品に選ばれたこの映画は、「武士の一分」について考えさせてくれる優れた作品となったが、私にとっては「教師としての一分」を考えさせてもくれた。刀の手入れをしながら加世に語った次の言葉が、耳に焼きつくことになったからにちがいない。

――俺はかねがね、考えていることがある。今までの師匠がたとは違った剣の教え方をしたい。つまり、それぞれの子どもの人柄や体つきにあった剣術を、例えばそれぞれの「身の丈に合った着物」を仕立ててやるように教える。これは、俺の夢だの。

着物は「身の丈」に合ったものでないと、着心地が悪くて気持ちがピシッとしない。母親はわが子の服に気を遣う。背丈がみるみる大きくなることをうれしく思いながら、身の丈にそぐわなくなった服を愛おしみ、新しいお似合いのショッピングを楽しむ。

三村は師匠たちの剣の教え方を見てきて、誰をも同じ「型」にはめて行う指導法に首を傾げてきた。たとえ同年齢の子どもであっても、一人ひとり人柄も異なるし体つきにもばらつきがある。背丈の大きい子もいれば小さい子もいる。太った子もいればやせた子もいる。活発な子もいればおとなしい子もいる。

それぞれの「身の丈」に合った着物を仕立てるように教えないと、その子の剣術を伸ばすことはできない。そのように思う三村であった。

園田雅春さんは一年生7人の担任であったとき、学習発表会でかぶるお面を作った。一人ひとりの頭のサイズに合わせて厚紙で輪っかを作っていったのだが、その指先と目をとおして「新鮮な驚き」を覚えることになった(「学級というコミュニティー」現代日本文化論3『学校のゆくえ』岩波書店)。

「一人ひとりの子どもの頭の形状も大きさ」も、「指先から伝わってくる頭髪の感触もことごとくちがって」いて、「同じものなどだれ一人いない」。あらかじめサイズを決めて作った輪っかを与えたとき、そのお面がぴったり合う子どもはどのくらいいるだろうか。「頭が締めつけられ、芝居どころではなくなってしまう」子どもが出てくるであろうし、与えられた「お面がずり落ちてきて、目の前がふさがれてしまう」子どもも出てくるにちがいない。

「頭の形や大きさひとつとってみてもこんなに異なるように、子ども一人ひとりの考え方、感じ方、育ち方、暮らし方というものはじつはさまざまで、だれ一人とて同じではない」。このことに気づかされたお面づくりである。

＊　＊　＊

「身の丈に合った……」と同じ言い方をしても、三村新之丞の目線は萩生田文部大臣と全く異なっている。大臣の目線は受験生を諭そうとする〝他人ごと目線〟だが、三村のそれは師匠たちを見てきて、子どもたち一人ひとりの「身の丈」に合わせて教えなければならないと〝自らを諭す目線〟である。

今回の入試改革で大学に何よりも求められているのは、「入学者受入れの方針」を公にし、その方針に添って受験生を「多面的・総合的に評価」することである。評価の観点として挙げられるのが「学力の3要素」で、つまり受験生の「知識・技能」のみを点数化して行うのではなくて、「思考力・判断力・表現力」と「主体性を持って多様な人々と協働して学ぶ態度」をも評価して合否を決定することである。

英語力に限っていうならば、「読む・書く・聞く・話す」の4技能が重要であることに異を唱える者はいないであろう。小学校から開始される英語教育は、その任を誠実に負わなければいけないし、大学入試はこの「4技能」を視界に入れる必要がある。

しかし、混迷の度を深めていくこれからの時代を考えると、大学入試で重きをおきたいのは「主体性を持って多様な人々と協働して学ぶ態度」ではないだろうか。チームの一員として力を発揮して、次代を切り拓いていく。その資質がどれだけ磨かれているかの評価は、簡単にできることではないが、受験生が提出することになる高校3年間の軌跡を記したポートフォリオなどから測り取る必要がある。

周知のように、大学・短期大学への現役進学率は57％を超え、10人のうち6人が高等教育を受ける時代となっている。大学は高校とどのように接続して「教育の質」を高めていくか。学生一人ひとりの将来性に目を遣って、人間力や社会人基礎力を高めて社会に送り出す、それが大学の「一分」と言えよう。

第2章　「学ぶ世界」に身を置いて「教える授業」をつくる

伸び代
――もやもやしたものをカタチに

日本漢字能力検定協会が公募して発表する「今年の漢字」は、その年の世相を後世に伝えるイベントとして関心が高い。「漢字の日」(12月12日)にちなみ、清水寺の管主が和紙に揮毫して行う1995(平成7)年に始まった年中行事である。

これまでの25年を振り返ってみると、同じ漢字が3度も選ばれた。2000年・2012年・2016年の3度で、それは「金」である。いずれの年も、オリンピックで日本選手が金メダルを獲得して湧きに湧いた世相を反映してのことである。

2016(平成28)年のリオオリンピックの「金メダル」は12個で、金・銀・銅合わせて41個のメダル数は過去最多となった。マイクを向けられたメダリストは、今の心境とともにプレーしていた「そのとき」を熱く語る。湯気の立つその言葉に接すると、私たちの感動はさらに高まった。

バドミントンで熱戦を制したタカマツペアの場合、松友美佐紀選手は決勝戦の前日、混合ダブルスの優勝者と会う機会があって、そのときメダルを触ってみたくなった。しかし、ぐっと堪えて、「自分のメダル」をこの手で握り締めるんだと腹に決め、そして今、握り締めている金メダルだと語った。

1セットずつ取って迎えた第3セット、3ポイント連続の失点で16―18と引き離されたとき、高橋礼華選手は「これで負けるのかな」と気持ちが沈みかかった。しかし、そのときである。残すところ3秒でバックを取って逆転優勝した、〃前日の伊調馨選手〃が脳裏をよぎり、「逆転は起こり得る」と気力が漲ってきた。5ポイント連続奪取してもぎ取った優勝の栄であった。

＊＊＊

白井健三選手のインタビューはとてもさわやかで、すがすがしかった。「10代最後の大会になる」と自覚して臨んだ白井選手は、12年ぶりとなる団体優勝を牽引するとともに、日本体操史上「最年少の金メダリスト」となり、「人生で一番心臓に悪い日と言っても過言ではないが、間違いなく一番幸せな日になった」と、笑みを絶やさずにインタビューに応えた。

翌日の種目別競技「跳馬」では、新技「伸身コルチェンコ3回半ひねり」（シライ2）を見事に決めて、銅メダルも手にした。この時点で5つもの新技認定を国際体操連盟から得ていたが、新技というのは「意識して狙って」のことではなく、「精一杯の演技をしたときに、自然にできる」ものだと話した。

そして、「自分の将来がすごく楽しみです。まだまだ〈伸び代〉があることは自覚しているので、内村航平さんの後継者になれるように、これからも頑張っていきたいと思います」と言葉をつづけた。白井選手が口にした「伸び代」は、新緑の若芽が宙へ伸びるイメージを思い描かせてくれて、これからの活躍がとても楽しみになった。

君には「将来性がある」と言われれば誰でも嬉しいが、それはどこか遠くに在るもののようであまり現実味が感じられない。しかし、君には「伸び代がある」と言われると、「今」と地続きのすぐ近くに在るように思えて、それならばちょっと手を伸ばして手繰り寄せてみようかと心が動く。

＊＊＊

「伸び代」というこの言葉は、私にはかなり以前から親近感があって、学生や子どもたちに口にすることが多かった。白井選手が自らに対して言った「伸び代」を聞いて、辞書にはどのようにその語義が書かれているか知りたくなった。

調べてみると、「伸び代」を登載するのは広辞苑・岩波国語辞典・大辞林・大辞泉・三省堂国語辞典の4冊で、明鏡国語辞典・新明解辞典などは登載していない。

広辞苑（２０１８年第7版）は、「伸び代」の語義として、第一に「金属などの、折り曲げたり熱したりする際に生じる伸び、またその長さ」、第二に「布地などが伸び縮みする余地」を挙げる。そして、第三に「「今後発展・成長してゆく可能性や見込み」を挙げて、その用例として「伸び代の大きい選手」を掲げる。

岩波国語辞典（２０１９年第8版）は、広辞苑の第一・第二の語義は落として「これから先、成長（または発展）する見込み、余地」のみを挙げ、用例としては「まだ伸び代のある選手」

「伸び代を期待して投資する」の2つを掲げる。同じ岩波書店の出版する辞書だが、添える用例が「これから大きく成長していく可能性を感じる選手」と、「下り坂に入っているように思える選手」に分かれていて、何とも痛快である。

大辞泉（2012年第2版）は「能力を出し切ってはいず、まだ成長する余地のあること」と微妙な語釈を掲げ、「伸び代」という言葉は「平成17年（2005）前後からスポーツ界で使われ、多方面に広がった。余地、期待値、ポテンシャル」と注記を加える。

岩波国語辞典も「21世紀になって言い出した語」と補足するので、そうなのかなと思って広辞苑（1998年・第5版）を見てみると、「伸び代」は確かに登載されていない。ほんとうに、人びとに使われ出すようになってまだ十数年しか経っていないのか、私は首を傾げざるをえない。

パソコンで調べてみると、ネット上には「笑える用語辞典」なるページがあって、そこには次のように書かれていた。

――のり代、縫い代などと同様に、ある用途や作業のための余分に取ってある部分。そこから伸び代とは、新しい会社や若い人について、発展したり成長したりする余地、可能性を意味している。ほめられてその気になるのはよいが、伸び代がある者には、それ以上に「堕ち代」すなわち堕落する余地があることを忘れてはならない。――

後半の「堕ち代」の記述には〝笑えて〟しまったが、私にとって、「伸び代」は「のり代」

「縫い代」のイメージである。猛暑がつづくと、レールがグニャッと曲がって伸びる。そのような現象の「伸び代」は工学の分野で使われる専門的な用語で、そこから、白井選手の口にする「発展したり成長したりする余地」へ語義が広がったとは思えない。

「伸び代」を登載しない辞書が気になって、「代（しろ）」の項目を引いてみた。すると、「何かのために取っておく場所」（新明解国語辞典・2015年第7版）、「あることをするために必要な部分」（明鏡国語辞典・2003年初版第2刷）とあって、のり代・とじ代・縫い代が用例として挙げられていた。

若い人たちや起業されたばかりの会社に対して言う「伸び代」は、紙を貼り合わせるためにあらかじめ設けられた「のり代」、布地を縫い合わせるときに仕立て寸法の外に取っておかれる「縫い代」のイメージに近いと言っていい。

幼稚園や小学校に通う子どもたちは、まさに新芽を伸ばし始めた伸び盛りで、「伸び代」という言葉を使うには違和感がある。しかし、中学や高校そして20代にさしかかる若者のひたむきな姿を見ていると、さらにひろがるであろう未来が思い描かれ、「伸び代」という言葉を用いたくなる。

＊＊＊

斎藤喜博さんは、子どもの誰もがもつ「無限の可能性」について、具体的な事実を挙げながら語りつづけた。『授業の可能性』（一莖書房）のなかには、内部に生まれる「もやもやしたもの」に着目した次のような指摘がある。

つまり、「教師が授業のなかですること」は、子どもが「たとい、瞬間的にちらっと見せたものであっても、見のがすことなくとらえて拡大していく」「一人一人の出したよいものを形として定着させたり、他の子どものよいものとつなげていったりする」ことである。

そうしていくと、子どもたちの「心の底のほう」とか「胸のなか」とか「腹のなか」とかに、「今までとはちがったもやもや」が、そのときどきに生まれてくる。授業とは「つぎつぎと子どものなかにもやもやをつくり出し、形にし表に出させ、また別のもやもやをつくり出し形にしていく」作業である。

斎藤さんの言う「もやもや」は「伸び代」そのもののように思う。「創造する」というのは、科学であれ芸術であれ、スポーツであれ、未だ目にしたことのない「新しいもの」を自分の手で生み出すことを言う。独創的な発明・発見や創意に満ちた芸術作品などは、内面に生じた「もやもやしていて定かでないもの」を「はっきりとした顔立ちをもつもの」に育て上げようと努める人によって生み出される。

「伸び代の大きい人」というのは、「もやもやしたもの」が巣くっていることに喜びを感じ、その「もやもや」のなかから新しいいのちが芽吹くことを楽しみに生きる。そういう人と言っていいかもしれない。教師は子どもの内面の奥深くにうごめく「伸びしろ」を、本人より先に感じ取る資質を持ち合わせたい。

較べる

——授業は「知の体力」を鍛える稽古場

「自分をダメな人間だ」と思いますか——。そう聞かれた高校生は、どのくらいが「とてもそう思う・まあそう思う」と答えるだろうか。

国立青少年教育振興機構の調査（２０１５年）によると、日本の高校生は73％がそのように答え、アメリカ45％、中国56％、韓国35％の数値を大きく上回る。同機構の別の調査（２０１４年・小学４年〜高校２年）によれば、「自己肯定感が高い・やや高い」と答える比率は学年が上がるにつれて低下している。

どうして、日本の子どもたちは自己肯定感が低いのか——。友達より優れたところがあっても、劣るところや足りないところが槍玉に挙げられる。それで、「私はダメな人間なんだ」と思い込んでしまっている。そういうことではないのだろうか。

歌人の永田和宏さんの『知の体力』（新潮新書）を読んだ。永田さんは大学で細胞生物学を教えていて、その体験もふまえながら、教育をめぐる問題の根幹に目を向ける。人とくらべさせられて過ごす学校教育についての批判は手厳しい。

——自分を客観的に見るのは悪いことではない。しかし、それがいつも誰かとの比較であったり、合格ラインからの距離としてしか意識されていないとしたら、ひたすら後ろ向きのそんな自己規定は、自らの可能性をあらかじめ封印無化するという点で害にこそなれ、益するところは何もない。――

＊＊＊

人は年齢を重ねると学校生活から放たれていく。社会人になったならば、すっきり気分を変えて過ごすことになるだろうか。香山リカさん（精神科医）は（『くらべない幸せ――「誰か」に振り回されない生き方』・大和書房）を出版して、最近気にかかっていることを指摘する。

――インターネットの発達で、人と自分をくらべる人がますます増えてはいないか。他人とくらべたために、自分がすでに持っている幸せが見えなくなるなんて、本当にもったいない。そろそろ「勝ち」にこだわるの、やめません？――

こうしてみると、人は生まれたときから同じ年ごろの子どもとくらべて育てられ、学校に入るとテストの点数で自分の立ち位置を知らしめられて過ごし、社会に出て後も、スマホをいじっては他人とくらべて気を休めることがない。そういう人生を送っているようだ。

くらべない、他者に振り回されることはやめて人生を楽しもう。――香山さんのこのメッセージに共感をおぼえる人は、少なくないにちがいないのだが、「くらべる」という頭脳のはたらきを、目の敵にしてはならない。

永田さんが前掲書で強調するのは、「知の体力」を小中学時代から磨くことの必要性である。「知の体力」というのは、「これから何が起こるかわからない想定外の問題について自分なりに対処する」力である。

科学の世界では「考えられるあらゆる可能性」が考慮されて、「反証」が試みられる。その「どんな反証にも耐えられる事実」のみが「科学的な真理」として認められる。つまり、「ある説」が出されると、それに対する「反論」が出され、その「反論」に答えるために、「工夫を重ねた実験」がなされる。

その繰り返しのなかで、「もうこれ以上反論のしようがない」というところまで行ったときに、初めてその説が「真理」として共有されていく。こういう過程のなかで科学者の「知の体力」は鍛えられていくのだが、その際、鍵となるのは「較べる」だと永田さんは指摘する。

＊＊＊

『授業』（国土新書）には、「私たちのおとうさんや、おかあさんも勉強したという古い校しゃですから、雨もりがしたり、ゆか板がくさったりして、かたむきかけていました」という一文（4年国語「新しい校しゃ」）の読み取り場面が紹介されている。

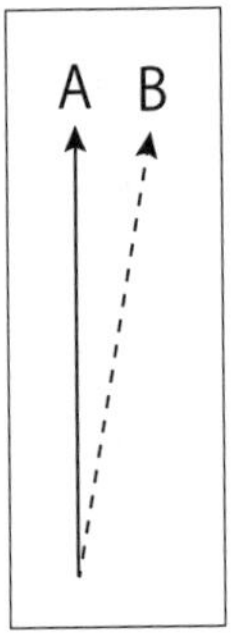

教師は「かたむきかけていました」という校舎の様子について、「点線のように、少しかたむいている」と解釈して図示し、子ど

もたちも同意見であった。たまたま教室に入った斎藤喜博校長は、「この文の場合は、点線のようにかたむいているのではなく、棒線のように、まっすぐ立っているのだ」と否定して、その理由を次のように述べた。

——「かたむきかける」というのは、まだ「かたむいている」のではない。もし点線のようにかたむいているのだったら、「少しかたむいています」とすべきではないか。ほかの例でいえば、（中略）「走りかけました」という場合も、走り出す用意はしたが、まだ走り出してはいないのではないか。——

この指摘を聞いた教師と子どもたちは「なるほど」と同調した。しかし、斎藤先生が去った教室では異論が出た。「走りかけました」というとき、確かに「走るかまえをする場合もある」が、「少し走り出す場合もある」。だから、校しゃの場合も、点線のようにかたむいていると考えてさしつかえないという考えである。

斎藤先生は教室に立ち戻って、子どもたちの意見に賛同した。しかし、教材文では「やはり、まっすぐに立っている」と解釈しなければならないので、子どもたちの考えの否定にかかった。つまり、雨漏りがしたり床板が腐ったりしているこの校舎は、「かたむく寸前」の状態であって、「まだまっすぐ立ってはいるのだが、強い風とか、地震とか、他の強い力が加わることによって、かたむくか、たおれてしまうような感じ」がする。そういう「文学的な」表現がされていると考えるからである。

斎藤先生は述べる。

――「少しななめにかたむいている」としてもまちがいではない。しかしそれだけでは、子どもも教師も、つぎつぎと変革していくような授業にはならない。こういう教材の場合は、解釈はいくつも出せるのだし、また出してもよいのだから、はじめ子どもの出した考えを否定し、ちがうものへと持っていき、それをまた否定して、さらに高い新しい解釈を出すようにする。それを何回も続けることによって、はじめて、教師も子どもも、新しい世界へぬけ出ていけるような、生き生きとした創造的な授業ができるということになる。――

「かたむきかけている」という表現に着目してひろがったこの授業場面は、永田さんの述べる科学の実証過程を彷彿とさせる。実線の棒（A）と点線の棒（B）が図示されて、（B）と考えて落着しそうであった子どもたちと教師は、斎藤先生の主張する（A）説を聞いて自信がぐらついた。

しかし、「走りかけました」という場合、たしかに（A）と考えることもできるが、（B）もありうるので、「かたむきかけている」は（B）と考えて何も問題はない。そういう結論に至って胸を張っていたが、教材文に立ち戻っての指摘にはうなずくしかなかった。

この実践の基軸に置かれている活動は、「較べる」である。読み取って安堵していると、次々に「待った」がかけられてきて、思考を休めていられない子どもたちである。

＊＊＊

安野光雅さんの『かんがえる子ども』(福音館書店)を読んだ。安野さんは『ふしぎなえ』『さかさま』『もりのえほん』などの絵本を出版して、子どもたちに「考える楽しみ」を味わわせてきた。

同書の帯文には「子どもも、おとなも、自分で考えるくせをつけてほしいのです。自分で考え、判断することのなかから、これはほんとう、これは嘘と、物事を見極めていけるようになってもらいたいと、思っています」とある。

同書の第2章「学ぶことについて『考える』」では、『はじめてであう　すうがくの絵本』(福音館書店)のなかの「くらべてかんがえる」をとり上げて、次のように述べる。

——「くらべてかんがえる」では、「どこが違うか」を考えるのですが、それは一方で「どこが同じか」を考えることでもある。というあたりまえのことに、改めて気づかせてくれます。数学の問題は、ほとんどといってよいほど、この「比べて考える」ことを基本にしています。子どもが苦手としている高学年の文章問題でも、「比べて考えるのだ」と思えば、気が楽になります。——

私たちは「意味があるとは思えないものさし」で他者とくらべ、気落ちしてみたり喜んでみたりしている。そういうふるまいから「活きる力」が生み出されることはない。他者と同じところがいくつもあるが、異なるところもいくつもある。それが自分だと認識して、もちまえの歩幅で歩みつづけていく。

みんなちがってみんないい。それぞれに他者とちがうところがあるから、それが楽しい。世の中というのは画一化できない、画一化してはならない多様性に富んでいる。

しかし……である。学びを深めるためにはものごとを較べて、両者に共通するところを取り出したり、相違するところを探ったりする知的活動が欠かせない。どの教科の授業の場合も、「較べる」ことをその過程に適切に組み込んで、脳みそを絞らせる。授業はそういう稽古場として機能したい。

試験
——それはあくまでも教育の「手段」であって「目的」ではない

毎日新聞に「教育の森」の連載が始まったのは、私が大学2年のとき（1965年6月28日）である。「進学のあらし」「閉ざされる子ら」「家庭と学校」といった12のテーマで構成される連載は、68年5月3日まで1032回の長期にわたった。

その連載は新書（全12巻）に組み直されて逐次出版され、「教育という深い森」に読者を誘い入れて、菊池寛賞などを受賞した。著者は「村松喬」と明記されたが、論説委員兼編集委員の村松さんが4名の記者と取材を重ね議論を重ねて執筆したものであった。大学生の私は自分の経てきた教育環境しか知らずにいたので、教育をめぐる日本の様ざまな状況に視界がひらかれていった。

この連載が基調に置く認識は次の一文に凝縮している。「教育にしろ民主主義にしろ、高度になればなるだけ、単純なものではなく、複雑で多様なのであるから、すべてが一様の画一的な見方や解釈が行なわれることは事実上ありえないし、むしろ統一的な画一性に貫かれるとすれば、そこに危険があるといわなければならない」（『進学のあらし』第1巻）。

執筆されて半世紀が経つが、日本の社会ははるかに複雑化し多様化してきている。現今の教育の問題について考えるとき、同書のこの指摘はいよいよ心しなければならないと思う。

＊＊＊

『閉ざされる子ら』（第2巻）に、東京のある公立小学校で「入学以来はじめてテストらしいテスト」を行った1年生の教室の様子が書かれていた。

真新しいランドセルをしょって元気に登校してくる子どもたちは、担任の高橋剛三郎さんから「クラスの人はみんな友だちです。だれとでも、みんなと仲よくしなければいけません。困っている子がいたら、助けてあげましょう。なにかわからないことがあったら、お互いに教えてあげましょうね」と声をかけられてきた。

1学期が終わりに近づいて、はじめて「テストらしいテスト」を行ったとき、「困った事態」があちこちで見られて、高橋先生は茫然とたたずんでいた。

――「このテストは、いいですか、みんなお互いにヒミツでやるんですよ、わかりましたか」といくら説明しても、子供たちにはまるで通じないのだった。ほかの子よりも早くやってしまった子は、隣でもそもそしている子に、一生懸命教えたり説明したりしてやっているのである。／それを教師はしかることはできなかった。彼にできたのは、感動して、その場の光景をながめていることだけであった。――

このようなことが1年生の教室に起こると知って、私は心がふるえた。すっかりテスト慣れして、テストずれしてきている私にとって、まぶしすぎる教室の光景であった。

「子供とは、本来そういうものなのである。テストの意味も友情の意味も、小さな1年生にはまだよくわからないだろうが、隣の子供が困っているのはよくわかる。それが、友情の芽であり基盤であろう」と村松さんは書く。そして、このような純真な子どもたちが、いつか「5点評価の『5』を争う子供たちに生まれ変わ」ってしまう。その変容を憂えて、「人間は永遠に幼児の純真さを保持することはできないが、あまりにも早くそれを喪失するのは不幸といわなくてはならない」と指摘する「教育の森」であった。

＊＊＊

京都大学の数学教授であった森毅さんは「一刀斎」と呼ばれ、箴言を臆することなく述べて、世間をうならせることが多かった。森さんが大学で行った次の〝実践〟は、私の頭から離れずにいる。

森さんは言う。「大学ではぼくは、他人の答案を見ることを奨励することさえある。わからんかったら、わかってそうな人間を捜して教われ、教わってもわからんかったらわかるまで教われ、なんて言って回ることもある」（『テストと学校』朝日選書）。――このようなテストは、ほんとうにあり得るのだろうか。

森さんはあるときテスト用紙を配って、「何か質問はないか」と聞いた。すると、「根本の基本事項を教えてくれ」と学生が言うので、仕方なく教えていた。「そんな大事なことは黒板の前でみんなに教えろ」という声が出てきて、試験の最中に講義をさせられる破目になった。

ある学生が「やはり試験中は講義も迫力あってよろしいですな、いつもよりようわかりましたわ」とつぶやいていた。「1時間の試験でも、問題を出して20分ぐらい考えさせたところで、その問題を解くのに役立つ授業を15分ぐらいして、また試験の続き」といったことをしてみよう。そのように心の動いた森さんである。

試験がそのように行われた場合、学生の成績評価はどのようになされるのだろうか。「最初から自力でできた学生が優秀ということにはならない。少し教わったらできるというのもまた、イイ線である。だから、採点の時には区別しないことにしている」と、森さんはばっさりと言う。自力ですべてを解き明かしたか、他人の知恵を上手に借りながら解を導いたか、それは人それぞれの事情によるのであって、そのことを忖度して加点したり減点したりする必要性などないと言うのだ。

そして、試験中に組み込まれる「15分の授業の効果」については、次のように説く。つまり、「テストとは幾分は非日常的経験であるから、それをうまく利用しない手はない」。「試験」というのはあくまでも「教育の手段」であって「教育の目的」ではないのだから、「試験」という特設された「時間」を活かして教育を遂行したほうがいい。たとえば、「最初に20分ほど問題に取り組ませて、問題意識を持たせたところで授業するのは、むしろ正統的だと思う」。

私たちにとって〝あたりまえ〟となっている試験についての認識は、ぐらぐらとゆさぶられていく。「試験」と銘打たれた時間が途中で「授業」の時間に変わっていって、その「授業」

の時間が「試験」を解き明かす時間へと戻っていく。「『授業』と『試験』の形態上の差異をできるだけ除きたい」という思いから生まれたこの新しい教育形態の追究が、森さんに留まってしまうのはさびしい気がする。

「試験は、〝身につけたはずの学習〟をほんとうに身につけているか、伝達した知識などをしっかり覚えているかチェックする役割を担ってきた。したがって、教科書やノートを読み返して、出題されそうな知識を頭にたたき込むことになる試験の直前である。

しかし、こんにち求められている学力は、PISAの国際比較などをふまえて変わってきている。学んだ知識や技術の定着度はそれなりに重視されるが、それとともに、提示した問題状況に身を置いて頭を巡らせ、思考したことを適切に伝え、また共に知恵を絞って解を求めていく。そういう力をどれだけ備えているかが問われるようになった。

＊＊＊

「試験」を行うのは、森毅さんが指摘するように、子どもや学生を知的に成長させるためである。であるのだが、「授業」をそのなかに組み入れることは、やはり慎んだほうがいいだろう。

そういう迫り方をするのではなくて、「授業」のなかに、試験時と変わることのない「非日常的経験」を組み込む。つまり、混迷をもたらす問いかけを「授業」に挟み入れ、学び手を様ざまな身（教師や仲間の考えをじっくり聞く身・自分の認識を多面から吟味する身・思索した結果を的確に伝える身……）に立たせて、それぞれの知の土壌に鍬を入れていくのである。

伝達される知識を機械的に記憶していけばよかった授業ではなくなって、どのように考えればいいか〝手に余る問い〟と向き合わされると、それまで使うことのなかった脳みそを絞り、仲間の脳みそも借りて立ち向かうことになる。

教師は正答を示すどころかゆさぶりをかけてくるので、混迷が新たな混迷を呼んで困惑がつづく。ようやく展望がひらけたときには、笑みを浮かべて胸をなでおろす。「やはり試験中は講義も迫力あってよろしいですな。いつもよりようわかりましたわ」と、森先生につぶやいた学生と同じ心境を味わうひとときの訪れである。

「仲間はずれ」を探す問いかけに一言

幼稚園や小学校では、今もなお「仲間はずれをさがそう」と問いかける授業が行われているのだろうか？

ＰＹＧＬＩの幼児教材『能力育成問題集』（ピグリマリオン）を見た。同問題集は私立小学校入試の過去問を参考に作成されていて、その第28集は『仲間はずれ』である。そこには、〔太鼓・トライアングル・タンバリン・ピアノ〕や〔ブドウ・リンゴ・クリ・イチゴ〕などの中から「仲間はずれ」を見つけさせる問題が多数収められている。

空を飛ぶツバメを挙げて、その「仲間でないもの」を〔ハト・スズメ・ニワトリ・カラス〕の中から見つけて×をつける問題もあって、私は困った。もし、イヌなどの鳥以外の動物があればすぐに答えは見つかるが、どれもが鳥である。ハトなどの鳥は歩く姿で描かれているが、たまたま歩いているのであって、ニワトリも下手ではあるが飛ぶことがあると思う。

正解を見てみると「ニワトリが×」となっている。調べてみると、ニワトリは人間の食用として飼われていて、野山には生息しない。地面を蹴って「跳ぶ」ことはあっても、他の鳥たちのように空を自在に「飛ぶ」ことはできない。そういう鳥であることから、ツバメの仲間ではないことを知った。

「指導上のポイント」が次のように書かれている。

――人により考え方は様々であり、「仲間はずれ」を回答する際に真に正しい回答を見つけるのは難しいのかもしれません。しかし、子供が答えを間違えたときには、余りにもひどい場合を除いて、「なるほど、そのような考え方もあるね。それはそれで正しいよ。でも、こんな考え方もあるよ」と言って、多角的な視点を育成するように指導することが必要です。――

＊　＊　＊

安野光雅さんの『はじめてであう　すうがくの絵本1』（福音館）には、「なかまはずれ」という章がある。同書は冒頭で、「なかまはずれ」という言葉の意味を例題に即して次のように説明する。

・■が　たくさん　ありますね。でも　●は　1つしか　ありません。この　ほんでは、●のように　この　ページには　なかまがいないもののことを　なかまはずれと　よぶことにしましょう。
・こちらには　てんとうむしが　たくさんいます。よく　みると、1つだけ　ちがった　てんとうむしがいますね。この　ちがった　てんとうむしが　なかまはずれです。

娘は幼稚園のころにこの本をよむことがあり、また、前掲の PYGRI のような幼児向けの本にもふれていて、「仲間はずれ」をさがすことに興味をもっていた。

小学生になったころのことである。来客が何人か訪れると、いっとき、「○○さんは、仲間はずれだね」といった言い方をした。なぜか聞いてみると、男だから、メガネをかけているから、半袖だから……といった、たわいもないことがその理由であった。

イヌはたとえ毛並みが黒くても白くても、犬である。見た目は違っていても属性が同じことを見抜く力は、しっかりと育みたい。それとともに、見た目は似ているように見えるが、属性などが異なっているものを見つける力も育てていかなければならない。

しかし、そういう「違い」を見つける活動を、「仲間はずれをさがそう」と呼びかけて「そうですね、○○は仲間はずれですね。△△が他と違うからですね」と進めていくことに問題はないだろうか。

学級目標に「仲の良いクラスをつくろう」と掲げる教師がいて、その教師が算数や国語などの授業の中で「この中から仲間はずれを探そう」と問いかけているとする。「仲間はずれ」という言葉が口をついて出てくるということは、同質性に思いを向けるよりは異質性を排除するほうに目が向いているように考えられる。「仲間はずれ」という言葉は、子どもにとって、「身近な友達関係のなかでの感情」をともなって想起しやすく、この呼びかけは受け容れやすい。

＊　＊　＊

加野芳正さんによれば、「いじめ」という名詞が『広辞苑』に登載されるようになったのは1991年発行の第4版からである（『なぜ、人は平気で「いじめ」をするのか？』日本図書センター）。つまり、「いじめる」「いたぶる」「なぐる」「いじわる」「仲間はずれ」などの言葉で言われてきた子どもたちの様ざまな行為は、30～25年前から多くの人たちに「いじめ」という認識枠組みで捉えられ、解釈されるようになってきたということである。

加野さんが同書で指摘するように、「いじめの被害者」になるのは「クラスの多数にはない『差異』の持ち主」であって、「心身のちょっとした特徴、動作のちょっとした特徴など、何か異質性を感じると、そうした特徴を持っている人間を排除しようとする」のが「いじめ」である。

学校では「さまざまな個性を持った子どもたちが同じ空間と時間を共有し、かかわりを持ちながら成長して」いく。したがって、「いじめが発生しやすい空間」がつくられやすいといえるが、同時にまた、学校は「いじめを克服する力」を子どもたちに育てることもできる。集団生活を通して「他者への思いやりや優しさ、集団の規範やルール、いじめを克服する力を学んでいく」場とすることができるからである。このように加納さんは述べる。

そもそも「仲間」とは「同じ種類に分類されるもの」を指すが、「仲間はずれ」はその同じ種類から外れる異分子を指す。つまり、「仲間に入れないこと。また、仲間からのけ者にされること」（明鏡国語辞典）、「仲間に入れてもらえないこと。また、その人」（現代国語例解辞典）が「仲間はずれ」である。

「仲間はずれをさがそう」と呼びかける学習は、子どもをして、多数を占める「仲間」の中に身を置かせ、その「仲間」に属さない「はずれ者」をさがさせる。〔太鼓・トライアングル・タンバリン・ピアノ〕の中から「仲間はずれ」を見つけて○でかこむ問題の場合、子どもは「太鼓・トライアングル・タンバリン」という打楽器の中に、鍵盤楽器の「ピアノ」が紛れ込んでいることに気づき、ピアノが「仲間はずれ」だと認知する。

〔太鼓・トライアングル・タンバリン・ピアノ〕の中に、他とは違う仲間の楽器が1つあります。それはどれでしょう。――このようにと問いかけられたならば、どうであろう。他の3つとは別種の楽器をさがすこの知的な作業は没価値的に行われることになって、排除の視点は入り込みにくいだろう。

＊＊＊

種類の違いを子どもに認識させたいとき、率直に「違う種類はどれか」と問うたほうがいい。「違う仲間はどれか」であってもいい。どちらの場合も、2種類（仲間）に分けられる数例がそこに示されていて、たまたま一つが他とは別種であったとしても、その一つを含む「仲間」があって、2種の間に優劣はない。そういう視座に立って思考がなされることになる。

人に飼われて身の安全が保たれ、体も重くなったことによって、飛ぶという動機や飛ぶ能力が劣化した。そのような事由による「飛べない鳥」の仲間には、アヒル、ガチョウなどがいる。

そして、そもそも元来から飛べない野生の鳥には、ダチョウ、ペンギン、カモ、クイナなどがいる。

「仲間はずれはどれか」と問われた場合にも、「種類の違い」に目が向けられる。しかし、それにとどまることなく、多数の「仲間」のなかに交じり込んでいる「そこに入るべきでないもの」を探し出そうとしてもいる。排除の視点をはらむ「仲間はずれ」という言葉は、学校の場にはふさわしくないであろう。

「問う」ことをたいせつにするメッセージ
——大隅良典とボブ・ディラン

友としてあるを誇りに壇上の君を見てをりメダルは君に
友のためはるばろと来し雪の街国王は君に手を重ねたり

この短歌の作者は、大隅良典さんのノーベル賞授賞式に出席した永田和宏さんである。細胞生物学者としても高名な永田さんは大隅さんの20年来の友人で、受賞者にわずかに許された招待者の一人として式典に出席した。カール16世グスタフ国王からメダルが渡されるときの感動は、ひとしおであったのだろう。栄誉を称える厳かな授賞の光景が目に浮かぶ（朝日新聞・2016年12月22日）。

ノーベル医学生理学賞の対象となった研究は、オートファジー（自食作用）の仕組みの解明である。29年前のことであるが、大隅さんは光学顕微鏡で単細胞生物の酵母を観察していた。すると、たくさんの小さな粒が踊るように跳ねていて、何かすごい現象が起きていると興奮した。何時間も見つづけたその現象がオートファジーとの出遭いで、その現象の仕組みを究明するライフワークが始まった。

生き物は、自分の細胞の中でたんぱく質等が不要になると、それをゴミとして取り除く。このリサイクル作用は私たちの体内でも日々起こっていて、その働きが滞ることになると、様ざまな病魔に侵される。大隅さんのこの研究は、アルツハイマーやガン等の治療の研究に活かされていて、私たちの健康の維持に光明が訪れている。

＊＊＊

ノーベル賞の決定が伝えられて記者会見が持たれたとき、「若い人たちに、一言お願いします」と声がかかった。大隅さんは、「なぜ?」と問いかける子ども心を忘れない大人になってほしいと答えた。

子どもというのは誰でも、はじめて目にすることには目を輝かせ、はじめて耳にすることには耳をそばだてる。そして、どうしても知りたいことには「なぜ?」と問いかけて、理解しようとする。そういう子ども時代を誰もが過ごした。

しかし、いつのころからか、「なぜ?」と問いかけることは控えるようになって、言われたことにうなずき、書かれていることを覚えるように身を変えるようになる。「なぜ?」と問いかける子ども心を持ちつづける大人になってほしいと私も思う。

大隅さんは分子細胞生物学の研究に勤しむことになって、日々、「なぜ?」という疑問に立ち向かってきた。そしてまた、「なぜ?」と問いかける子ども心を育むことも脳裡に置いてきた。多くの研究者や教師たちとチームを組んでの、教科書『わくわく理科』(啓林館)の編集である。

理科の授業は3年生になって新しく始まる。大隅さんの教科書を手にしてその表紙をめくると、ノコギリクワガタの大きな写真が見開きで載っている。「しぜんを見つめる」と題するこのページは、子どもたちへの次のような呼びかけで始まる。

――わたしたちの身の回りには、たくさんの生き物がくらしています。よく見かける生き物に近づいて、じっと見つめたりさわったりしてみましょう。これまで気づかなかった、いろいろなことが見えてきます。／さあ、たくさんの生き物を、じっくりとかんさつしてみましょう。

――

4年生の教科書の表紙をめくってみる。その見開きページには、スイスのアルプスをすっぽりつつむ満天の星空の写真があって、山上には天文台の明かりが見える。「自然とかかわる」と題するこのページの、子どもたちへの呼びかけは次のとおりである。

――夜空にかがやくたくさんの星。わたしたち人間は、何万年も前から、この星空をながめてきました。／そして、ながめるだけではなく、星の動きをかんそくして「こよみ」をつくるなどして、くらしの中に生かしてきました。／げんざいでは、世界各地で星の動きや星から出た光などが調べられており、その結果をもとに、さまざまな発見がなされています。／このように、わたしたちは、身の回りのさまざまな自然から学び、かかわって生きているのでしょう。

――

子どもたちの身のまわりに在って、もし目を向けることがないと視界に入ってこない「自然という豊かな世界」に子どもたちを誘い、共に生きて知恵を磨いていこうと呼びかける大隅さんたちのこの教科書で、全国の多くの子どもたちが「理科」の世界に目をひらいている。

＊＊＊

同年度のノーベル文学賞は、大方の予想とは異なって、歌手のボブ・ディランさんに決定した。文学賞の受賞者はこれまで小説家が圧倒的に多く、戯曲家、詩人がそれにつづき、哲学者や歴史家が選ばれることもあった。しかし、歌手が受賞するのは初めてのことで「歌手が文学賞か」と世界は驚いた。

過去には、哲学者で小説家、劇作家でもあったサルトルがノーベル賞を辞退している。決定が伝えられても沈黙をつづけるディランさんは、もしかすると辞退を申し出るのではないかと憶測が飛び交った。

12月12日、ディランさんは授賞式には欠席したが、晩餐会でメッセージが代読された。欠席したことについて詫びたあと、「名誉ある受賞を光栄に思っていること」を伝え、「自分の歌は『文学』なのだろうか」と自問したことはこれまで一度もない」と語り、「この問いに素晴らしい答えを出してくれたことに感謝します」と述べるメッセージであった。

ＮＨＫテレビは「ボブ・ディラン　ノーベル賞詩人魔法の言葉」（２０１６年12月10日）を放映し、タルサ大学が所蔵する彼の秘蔵ノートを紹介した。

思い浮かんできた言葉に何度も何度も手を入れて、自分の思いを練り上げて歌を創り上げていく。それは、小説家が言葉を吟味しながらストーリーを展開させていくいとなみとひとつも変わらなかった。自ら作った詩に曲をつけて人びとに歌い届けることも、自ら書き上げた小説を本にして人びとに届けることも、「文化を創り出す」といういとなみとして変わらない。もし違いがあるとすれば、小説は書店で手にするが、歌はレコード店で手にするということくらいであろう。

54年前に世に出たボブ・ディランの「風に吹かれて〝Blowin' In The Wind〟」は、今の時代に生きる私たちにも深く問いかける歌である。「How many roads must a man walk down……」で始まるこの歌詞を、私なりに日本語に訳してみた。


人はどれだけ多くの道を歩いたら、一人前として認められるだろう?

白い鳩はどれだけ多くの海を越えて飛べば、砂浜で羽を休めることができるだろう?

大砲の弾はどれだけ撃ち合えば、もう二度と撃ち合わないように禁じられるだろう?

その答えは、友よ、風に吹かれている。その答えは風の中に舞っている。

山はどれだけ長い年月が経てば、海に削り取られてしまうだろう?

虐げられた人たちはどれだけ生きつづければ、自由の身になれるだろう?

そのことに人はどれだけ目を背けていることができるのだろうか、何も見なかったふりをして?

ほんとうの空は、何度見上げたら見ることができるようになるだろう？

人びとの悲しむ声を聞きとめるためには、どれだけ多くの耳を持たなければならないだろう？

どれだけ人が死んだら、無残な死があまりにも多いことに気づくだろう？

ディランが次々に投げかける「問い」の答えは、風に吹かれて風の中に舞っている。私たちは一人ひとりが自身に問いかけて、その答えを自分自身で探して解いていかなければならない。

＊＊＊

長田弘さんの詩「最初の質問」（初出『小道の散歩』講談社）は、いせひでこさんの絵とひとつの世界をつくって、創作絵本として出版されている（講談社）。

『最初の質問』は、ことばという楽器と、絵という楽器と、二つの楽器によって演奏される、絵本のソナタとして企てられた〃一冊の本〃。——絵のきらめきのなかにはあなたの秘密が、ことばの向こうにはきみの記憶が、きっとどこかにひそんでいる。この絵本が、そのような人生の栞ともなれば。」と、長田さんは本の帯文に書き記す。

冒頭で投げかける「質問」は次の5つである。


今日、あなたは空を見上げましたか。

空は遠かったですか、近かったですか。

雲はどんなかたちをしていましたか。
風はどんな匂いがしましたか。あなたにとって、いい一日とはどんな一日ですか。
「ありがとう」という言葉を、今日、あなたは口にしましたか。

いずれの問いも、問われなければ考えることのない「問いかけ」で、それは子どもにとっても変わりないであろう。だが、しかし、私はふと思う。もしかすると、子どもはこのような問いかけをあたりまえのように心のなかでしていて、毎日を生きているのかもしれない。

これら一連の「質問」は、長田弘さん（大人）が中学生くらいの子どもに投げかける「最初の質問」と思って、私は読んでいた。しかし、もしかするとそういう「最初の質問」ではないかもしれない。中学生くらいの子どもが私たち大人に出会ったとき、まずは「この質問」を投げかけて、大人たちに「今の自分」をふりかえさせているのかもしれないのだ。長田さんの詩「最初の質問」は、「時代は言葉をないがしろにしている――あなたは言葉を信じていますか。」と問いかけて終わっている。

ボブ・ディランが問いかける「風に吹かれて」での一つひとつは、世界が向き合わなければならない根源的なものである。あくせくと日々を送る私たちは、折にふれて背筋を伸ばして「なぜ?」と自らに問いかける時間をつくる。それが生きるということなのだろう。

ソーシャル・ビュー

——unknown questionをめぐって探りあう楽しさ

伊藤亜紗さんの『目の見えない人は世界をどう見るのか』(光文社新書)は、「見る」といういとなみの深みへと私たちをさそう。

——私たちはついつい目でとらえた世界がすべてだと思い込んでしまいます。本当は、耳でとらえた世界や、手でとらえた世界もあっていいはずです。(中略)目に頼るあまり、そうした『世界の別の顔』を見逃しています。——

伊藤さんの言う「世界の別の顔」とは、言い換えれば「自分の体の別の姿」である。「手で『読ん』だり、耳で『眺め』たりと、通常は目で行っている仕事を、目以外の器官を使って行って」みて、「目で物の質感をとらえたり(触覚的な視覚)、耳で聞いた音からイメージを連想したり(視覚的な聴覚)、甘い匂いを嗅いだり(味覚的な臭覚)」している「自分の体の別の姿」を知ることである。

目の見えない人の体は、「視覚抜き」で成立している。その体に「見えてくる世界のあり方」と「その意味」を実感したい。伊藤さんはそのように志して視覚障害者と関わってきたのだが、驚いたことに「見る」という言葉がごく自然に使われていることである。その「見る」

は、私たちが「目で見る」こととどのように重なっていて、また、どのようなところで異なっているか、伊藤さんの研究は進む。

＊　＊　＊

芸術作品などを鑑賞する機会が、私たちにはある。「鑑賞する」ということは、「その価値を理解し味わうこと」（『明鏡国語辞典』）であり、その「美しさを、自分なりに味わうこと」（『三省堂国語辞典』）である。

目の見えない人の場合、彫刻は、手で触ることが許されるならばそれなりに鑑賞ができる。しかし、キャンバスに描かれた絵の美しさは、味わうことができるだろうか。伊藤さんは水戸美術館で催された「視覚に障害がある人との鑑賞ツアー」に参加して、作品を鑑賞するにあたって〝もう一つの仕方〟があることを教えられた。

「ソーシャル・ビュー」（みんなで見る）と伊藤さんが呼ぶそのセッションでは、目の見えない人をふくむ5〜6名が作品を前にして語り合って鑑賞する。目の見える人が言葉にするのは、パンフレットに書かれているような絵についての解説ではない。その眼で作品を見て浮かんできた思いの「もろもろ」である。目の見えない人はその「もろもろ」を一つひとつ耳に入れ、頭の中に〝自分の作品〟を描いていく。それは、「手に入る限られた情報から事件の全貌を推理する探偵」の仕事に近い。

語られる言葉をつなぎあわせて絵の全体像がつかめてくると、目の見えない人は「驚くほど的確な」質問を投げかけはじめる。「ふだんから断片をつなぎあわせて全体を演繹する習慣」を身に着けているからにちがいない。

目の見える私たちは、「推理しながら見る」ことに慣れていない。対象が目に入ると、その瞬間に「見えた」と思い込んで、「見えている」と思っていることに間違いはないかと角度を変えてながめたり、他者に見えていることと突き合わせてふりかえったりする姿勢が弱い。

情報があふれているこの時代、美術館に「わざわざ集まってみんなで鑑賞する面白さ」はどこにあるか。伊藤さんは「実際に自分のとなりにいるその人の力によって目の前の作品が変形していく驚き、そのライブ感に勝るものはありません」と述べる。

——しばらく眺め、場合によってはまわりをまわったりして、自分なりに気になった特徴を「入り口」として近づいてみる。ややもやしていた印象を少しずつはっきりさせ、部分と部分をつなぎあわせて、自分なりの「意味」を、解釈を、手探りで見つけていく。鑑賞とは遅々とした歩みであり、ときに間違ったり、迂回したり、いくつもの分かれ道があったり、なかなか一筋縄ではいきません。しかし、この遠回りこそが実は重要なのです。——

＊＊＊

授業のなかで楽しみたいこと、それは unknown question をめぐって推理し、推論しながら考えることである。知らずにいる知識を教師に教えてもらったり、資料などから探し出したりして覚えることではない。

知りたいことはどこを探しても書かれていないので、いろいろと想像をめぐらせ、すでに知っている知識を活かしたりして思索する。unknown question に手さぐりで挑む時間は、誰かに頼ることができないから、子どもたちは教師と知恵を絞って追究することになる。

『『現場としての授業』をつくるために力をみがきあう会』で行っていることは、まさしくソーシャル・ビューと言っていいようだ。短歌を教材として1時間あまり、様ざまな角度から教材をながめ、他者に見えている世界も視野に入れながら自分の解釈を練りあげていく。

ある例会で取り上げた短歌は、須田柴野さんの「終わるのがもったいなくてありがとう繰り返し言う最後の授業」（朝日歌壇2013年4月4日）であった。

各人が思い描いている「最後の授業」は、何年生の最後の授業か。それは次のように異なっていた。「そう言われてみれば……」と、「最後の授業」が行われている教室を描くことはそれだけでも楽しい。

・小学6年生の最後の授業
・中学3年生の最後の授業
・新年度から転勤が決まっている、このクラスでの最後の授業（小学3～4年生）
・定年を迎えて教職に終止符を打つことになる最後の授業
・教育実習生として実習最後の日に行う授業

どういう「最後の授業」の場面かは、一人ひとりの想像に任されて先へと進む。いずれの「最後の授業」であっても、そこには「ありがとう」の言葉が繰り返し発せられている。実際に口にしているか心の中でつぶやいているかは定かでないが、「ありがとう」という思いが教室にあふれ出ている。言っているのは教師か子どもか、それとも教師と子どもたちが交わしあっているのだろうか――。

その「ありがとう」は、授業が終わるのが「もったいない」と感じてのことである。いったい、どのような心境からなのだろうか、日頃の次のような「もったいない」を思い起こして考えあう。

- まだ使えるのに捨てるなんて、もったいない
- 私にはもったいないお褒めの言葉です
- ぼけっとしていては時間がもったいない
- 彼女はあいつにはもったいない

子どもたちが集中して授業を受けてくれて幸せであったと、感極まっている教師であろうか。自分が賢くなっていると実感できるこの授業がこれでおしまいになると思うと、こみ上げるも

のある子どもたちであろうか。

私は、ある人がブログに書いていた次のようなことも伝えた。山岡荘八の『徳川家康』全26巻を一年半かけて読んできたその人は、25巻までは同じペースで読んでいた。しかし、最後の巻に入ったら一気にペースダウンした。読み終えてしまうのがもったいなく感じたからであった。——そういう述懐である。

参加者は次のような感想を書く。「授業の所々で、いろいろな指摘があり、私も含め参加者全員がハッとなる時間が多々ありました」「今日も一人で机に向かう勉強のみでは学べない、豊かな学びが出来てよかったです」「皆は、一つの短歌を様々な視点から世界を広げていける。私もその力をつけたいと心から思う」「『うーんと考えさせられる場が幾度かあり楽しかった」「他者との関係性の中で初めて自分の個性に気づかされ、自分の価値にも気づかされました」

＊＊＊

伊藤さんの体験した美術館での「ソーシャル・ビュー」では、それまで面識のなかった、目の見える人と目の見えない人が「作品という一つのトピック」をめぐって話し合い、「他人の目で物を見」、「他人の見方を自分のものにする」。

「ああでもない、こうでもない、と意見を出し合いながら、共同作業の中で、ある作品の解釈らしきものをみんなで手探りで探し求め」る。もし「沈黙が続いた」としても、そこには適切な言葉を探そうとする時間が静かに流れる「みんなで見る」時間である。

学校での授業時間、小学校でも中学校でも高校でも、またどの教科の授業であっても、その空間には様ざまに関心をもった子どもたちが居る。教材のなかにある、どう考えたらいいか決めかねてしまう unknown question を投げかけて、互いが考えるところをつなぎあわせて教材の世界を楽しむ。

ときには間違ったり迂回をしたり、分かれ道にさしかかって悩んだりすることもあって、そういう「遠回り」をしながら教材の核へとみんなで迫っていく。教師がすることとは、教材について知っていることを解説して教えることではなく、子どもに見えていることを活かしてふくらませたり、見えていないところに目を注がせたりして、教材の世界をともに歩きまわることである。

安藤優子

――「現場」の空気を嗅ぎ取って伝えるニュース・キャスター

テレビ各局は夕刻、その日に起きたニュースを精選して家庭に届ける。どのような一日として記録するか、スタッフは直前まで練りに練る。現在なお進行しているニュースの場合、伝える鮮度が古びてしまってはならないので、最新の情報の入手に余念がない報道センターである。以前のテレビのニュースは、アナウンサーが坦々と原稿を読み伝えるだけで、その中身はラジオとほとんど変わりがなかった。しかし、今はキャスターが自分の意見も適宜はさんで取り仕切り、解説者やコメンテーターに要所を締めてもらいながら運ぶようになった。

状況が輻輳していて分かりにくい場合はパネルで問題点を整理するし、現地の「今」をレポーターに伝えもさせる。その手法はどの局も似たり寄ったりと言っていい。

キャスターは知り得る情報を頭に入れて臨んでいて、さすがだと思うが、エアコンの利いたスタジオに身を置いているので、肌で感じ取った「現場」を伝えることはできていない。「現場の空気」を伝える荷を負うのは現地のレポーターであるが、用意している原稿を読むことに気持ちが向いていて、常ならぬ現場のその空気が伝わってこない。そういうことが少なくない。

＊＊＊

安藤優子さんは2004年4月、視聴率最下位に沈んだ「スーパーニュース」（フジテレビ）のメイン・キャスターに起用された。現場感覚に長けている安藤さんは番組をたちまちにして視聴率トップの座に戻らせて、「夕方のニュースの顔」となった。

『以上、現場からでした。』（マガジンハウス）には、安藤さんの〝キャスター魂〟が心おきなく語られている。――なぜそれほどまでに現場に行きたいか、ことあるごとに聞かれる。答えは簡単で、現場はやはりすべてだと思う。どんなことがあっても。だから。――

このように書き始め、「現場に行かなくちゃ分からないもの」は「空気」であって、「それこそが現場でしか嗅ぎ取ることのできない第一級の情報なのだ」。「そこに確実にある人間の営みと息遣い。それをつかみ取るためには現場に立つしかない」と、自身のゆるぐことのない報道姿勢を語る。

そう言えば、3・11の東日本大震災が起きたあと、キャスターとして真っ先に被災地に飛んだのは安藤さんであった。瓦礫が散乱して人影がどこにも見当たらない路地から、全身で吸い込んで嗅ぎ取った情報を伝えていた。語っているまさにそのとき、またまた余震が襲ってきて、足もとをぐらつかせることになった。

＊　＊　＊

「現場」は、どんなことがあっても、やはりすべてだ。――安藤さんにこのように認識させることになった体験を二つ挙げる。

最初は、初めて海外から中継したポーランドでのことである。当時、共産党政権下にあったワルシャワでは、食料は配給制で日用品も事欠いていて、物不足の生活が強いられていた。安藤さんに課された役割は、道行く人びとにマイクを向けてポーランドの実情を伝えることであった。

「今、何が一番欲しいですか?」と尋ねれば、「砂糖が欲しい」「トイレットペーパーが欲しい」「ミルクやおむつが欲しい」といった、様ざまな暮らしの不満が聞き取れる。そう思ってのインタビューであったが、誰一人としてそのようなことを挙げなかった。

「平和が欲しいです。どんな物よりも、平和が欲しいです」と答えられ、「いちどたりとも想像することがないような『平和ぼけ』の日本から自分はやって来ているのだと、初めて覚醒し」、「常にソビエト(当時)やドイツの脅威にさらされてきたポーランドの人びとの意識の高さに、目を見張」らざるをえない安藤さんであった(『ひるまない』講談社)。

もう一つは、人間としての気高さを教えられた奥尻島でのことである。1993年7月12日の夜10時過ぎ、北海道と東北地方を地震が襲って奥尻島は津波に飲まれ、激しい火災がひろがった。たまたま報道局に居残っていた安藤さんは、夜通し特別番組を報じる身になった。

朝を迎えると、安藤さんはスタジオを離れて羽田に向かい、一番機で函館へ、そしてヘリに乗り継いで奥尻島に飛んだ。上空から「目に映るそのままを言葉にしようとした」が、「あまりのことにどんなふうに伝えていいのか、言葉につま」った。

空港ロビーには、うめき声をあげる人や怯えきっている人がいっぱい居て、訪れたことのある内戦下の光景と見間違うほどであった。自衛隊の給水車には長い列ができていて、その中に、身の丈に比べて大きすぎるくらいのペットボトルをかかえる裸足の男の子がいた。

「お手伝いで来ている」と思った安藤さんは、彼の家までついていきながらルポすることにした。男の子はぎりぎりまで水を入れてもらうと、一滴もこぼすまいと胸にかかえこむようにして歩きはじめた。その行き先はほんの近くの体育館であった。「ここが避難所なんだ」と合点して覗き込んだ安藤さんの足はすくんだ。そこは身元不明の遺体の安置所であったのだ。

男の子は毛布をかけられて並ぶ遺体の間を通り抜けて、ひとりの遺体のそばにペッタリとしりもちをつくように腰を下ろした。そして、顔にかかっている白い布を外して、ペットボトルの水を浸した。安藤さんは次のように書き記す（前掲『以上、現場からでした。』）。

――彼が白い布をはいだ遺体の顔はすすで真っ黒になっていた。火にさいなまれ、焼かれ、どんな最期だったのか、目をそむけたくなるほどにあからさまに物語っている。彼は、小さな手で、水を浸した布で、その顔をなんどもなんども、なんどもぬぐった。なんどぬぐってもさらに黒々とした皮膚は執拗に現れるのに。布が真っ黒になると、また水を浸し、なんどもくりかえした。ぬぐえばそこに彼の知っている誰かが、彼の知っている様のまま、ぜったいに目を開けてくれると信じて疑わないかのようだ。

まわりには誰もいなかった。彼ひとり。涙も流さずに、ひたすら慈しむように濡れた布ですすをぬぐう姿は、音が完全に消えた静寂のなかで、たったひとり、なにかが自分や家族に起こったということを、一息ごとに、ランニングの薄い胸に呑み込んでいるように見えた。むごいとしか言いようがなかった。

私は泣いた。泣くしかできない自分が情けなくて、悔しかった。

その時、誤解を恐れずに言えば、同時に心をわしづかみされたように感動した。こんなに年端のいかない人間が、やっと手にした水をひとたらしも口にすることをせず、遺体のすすをぬぐっている。人間は、こんなに追いつめられても高貴なものなのか。品性とはこのことなのではないか。人間はこんなにも気高くなれるのか。小さな手のひらがそっと遺体の顔を上下するたびに、私はこれだけはけっして忘れてはならないと、小さな丸い手を見つめた。――

そして、安藤さんは書く。

――もし私がこの現場に行き会うことができなかったら、私にとって給水の現場は東京に送られてきた〈今朝、一夜明けた奥尻島では、初めて自衛隊による給水がありました。皆、住民の方々は疲れきった表情で長い列に並んでいました〉という原稿だけで済まされてしまっていたかもしれない。――

安藤さんの「スーパーニュース」で、現地レポーターがいちばん緊張したのは、「以上、現場からでした」と言い終えたそのときだと言う。「○○さーん、聞きたいことがあるんですがぁ」と、安藤さんから突然の突っ込みが入ることがあるからだ。

放送にのる情報は、現場のほんの一部分を切り取った現実でしかないということ、カメラがとらえることなく置き去りにされたところにむしろ、人間の喜びや悲しみがびっしりとひしめき合っていること。見落とすわけにはいかない。——安藤さんはこのようにキャスターとしての矜持を明らかにする（前掲『以上、現場からでした。』）。

＊　＊　＊

授業の報告を読む。テープから教師と子どもの発言を取り出した報告が多い。しかし、それは授業の中の「ほんの一部分を切り取った現実」が書かれているにすぎない。ビデオに収録されていて、その映像を見ることがある。しかし、授業の中には、カメラが向けられなかった事実が様ざまに起きていた。

子どもたちが思い思いに葛藤を覚えて考え込んでいたあのとき、追究の道筋が見えてきて表情がゆるんできたあのとき、教師の問いかけが呑み込めずに眉間にしわを寄せていたあのとき……が。

授業についてものを言うとき、授業報告に記されていることはしっかり読み取らなければならない。しかし、それにとどまらず、そのとき、そのときに生じていたであろう「教室の空気」を嗅ぎ取って指摘することが欠かせない。

すっかり見過ごしていたが、心に留めなければならなかった「あること」が嗅ぎ取られて指摘されると、目が覚める。教授学研究の会で斎藤喜博先生が行うコメントはまさにそういう指摘で、「授業が見える」ということはこういうことだと教えられた。

ところで、授業を行った教師はその場に居合わせて、見聞きしたことを報告するレポーターではない。その授業を子どもたちとつくった当事者である。「ただならぬ波風」をさりげなく起こして、教室をいつの間にか「現場」に変え、その難局を知恵をふりしぼらせて切り抜けさせていく。ハラハラ、ドキドキする追究の「現場」に子どもたちを誘い込み、その「現場」をくぐりぬけさせながら知力をたくましく育む実践者である。

自ら行った授業をリアルに報告するとともに、自分には気づかずにいた授業についての長短を鋭く指摘されることで現場力を研ぎすまそうと努める。そういう教師でありたい。

第3章　「教えない『教える授業』」をつくる

コーチ
——大切な人をその人が望むところまで送り届けること

教師は、「○者」と呼ばれる五つの職種をこなす身である。——数学者の秋山仁さんが挙げる五者は「学者・医者・役者・易者・芸者」である（『秋山仁の数学渡世』朝日新聞社）。

教師は何よりもまず自ら疑問をもって学びつづけ、「学者」として専門的な追究に努めていなければならない。そして教師は「医者」として、生徒一人ひとりの「わからないところ」を早期に発見して適切に対応するとともに、「勉強したくない病」にかかっている生徒が快復していくように手当てしなければならない。

そしてまた、「教壇という舞台」で「生徒を引きつけ、飽きさせない」授業を演じる「役者」としての力量も必要で、「子どもたちの将来性や進むべき道」を見通す眼力もそなえて、的確に助言を与える「易者」にもならなければならない。さらに教師には「楽しい学校時代を送らせるためのエンターテーナー」になって、趣味を活かしたりして和やかな場をつくる「芸者」としての役割もある。

秋山さんは「芸者」に替わって、「忍者」を5番目に挙げることがあった。生徒が知りたいと思うことはすぐに教えないで気づくまでじっと待ち、時には生徒を煙にまいて身をくらまし、自分の頭でじっくり考えさせる「忍びの者」のイメージである。

「役者」の振る舞いについては、たとえば歴史を教えるとすれば、実際に見てきたようにその時代のことをリアルに語って、生徒たちの興味や関心をさそう。教師はそのようでありたいと話し添えたこともあるという。

「教育方法」の授業のなかで、この「五者」にふれて「〇者」にあてはまる職業を挙げてもらうと、記者・編集者・指揮者が挙げられて「それも、そうだな」と思ったことがある。教師が兼ね備えたい素養はこのように多岐にわたっている。昔から私たちになじみのある五つの職種を挙げて、教師という職業の大きさをかみしめさせる秋山さんである。

＊＊＊

「一方向からの知識伝達型の授業」の変革を目途に、アクティブ・ラーニングが提唱されて十年が経つ。旗手の一人である西川純さん（高校教諭を経て、上越教育大学教職大学院教授）は、次のような授業スタイルを示して、子どもたちにアクティブな学びを体験させようと唱える（『すぐわかる！　すぐできる！　アクティブ・ラーニング』学陽書房）。
①教師から課題を与え、「全員達成が目標」と伝える。（5分以内）
②「さあ、どうぞ」と動くことを促し、子どもが動く（約40分）
③成果を振り返る（5分以内）
この授業スタイル、つまり、「教える」という営みから身を退き、「さあ、どうぞ」と言って

課題に取り組ませる授業スタイルは、「数十年以上の学術・実践データに基づく手法」だという。このように授業の工程が変わると、どのような効果が現れるのだろうか。

西川さんは述べる。

――ほとんどの時間が子どもに任されることで、子どもは「わからないから教えて」とわかるまで友達に聞くことができて理解が進み、教え＝教えられる人間関係がひろがって、これまで起きがちであったもめごとが激減していく。また、特別支援が必要な子どもをクラスの全員で支え合うようになるので、教師がかかりきりで面倒をみる必要がなくなり、「じっくりと、ゆったりと子どもを見る」ゆとりが生まれて、「教師であることを楽しめ」る日々が訪れる。――

こういう願ってもない効能をかみしめると、教師は自分のそなえるべき専門性を問い直さざるを得ない。教職大学院で学校教育の中堅となる教員の養成に務める西川さんの、アクティブ・ラーニング型授業の提唱に心を動かされる教師は多い。

ところで、知識の伝達を中心にしてきたときには気づかずにいた「新たにそなえなければならない専門性」、「一流の教師」たる者が具備すべき「職能」とは何なのだろうか。アクティブ・ラーニングの推奨に努める識者の主張に耳を傾けると、それは「ファシリテーター」と「教育コーチ」としての力量と言っていいようだ。

中野民夫さん（広告会社勤務を経て、東京工業大学教授）は『ファシリテート革命』（岩波アクティブ新書）を著して、ワークショップの実践的研究に精力を注いできた。中野さんによれば、ファシリテーションというのは「人の成長や可能性を信じて、人と人の学び合う場をつくる」ことで、「そのプロセスを管理する人」がファシリテーターと呼ばれる（『ファシリテーション力』とは何か」『教職研修』２０１６年８月号・教育開発研究所）。

つまり、授業のなかで教師が意を注ぐのは「子どもが学び合うプロセス」を適切に管理することであって、そこでの「学びの中身」については子どもに任せて、口を挟まない。「『よい』も『悪い』も言いません。発言を『認める』ことは丁寧にしますが、あまり誉めることもしない」ことが、ファシリテーターの「基本的な姿勢」だと述べる。

教育学を超える「学習学」の提唱者である本間正人さん（松下政経塾研究部責任者を経て、NPO学習学協会代表理事）は、子どもの「主体的な学習」を側面からサポートするにあたっては「集団の中ではファシリテーティング、個別の場面ではコーチングが大切である」と考える。そして、次のように述べる（本間正人・松瀬理保『コーチング学入門』日本経済新聞社）。

――これまで、企業でも学校でも、典型的な指導方法と言えば、上司や教師が知識や技能を教え込むというティーチングの発想でした。もちろん、ティーチングも重要ですし、特に、相手が新人の場合には、ある程度、手取り足取り、基本を教え込むという期間が必要なことが多いでしょう。／これに対して、コーチングの力点は、一人ひとりの内側にある「可能性、能力、やる気、自発性、責任感、アイディア」などを引き出すところにあります。「教え込む」のではなく「引き出す」のが、コーチングなのです。——

また、「教育コーチング」の旗手の一人である小山英樹さん（高校教諭を経て、日本青少年育成協会主席研究員）は、「教育は教えること」だと思い込むと、次のような道をたどって、子どもを型にはめていくと述べる。つまり、学習者を「前を向いて整列」させて「自由な発言を禁じ、集中して聴かせ」、「自由な行動も禁じ、『読みなさい』『書きなさい』と命じたことだけ」をさせ、「正解パターン・成功パターン」を繰り返しやらせて覚えさせ、その「結果を数値で評価し、できたらほめ、できなかったら罰する」ようになる（『この一冊でわかる！　アクティブラーニング』ＰＨＰ）。

「教育」の「教」が「与える行為」であるとすれば、「育」は「引き出す行為」であって、「『育』が実現して初めて『教』はその価値を発揮」する。「『教』によって得た知識」は、「『育』で創造力や計画力を引き出すことで、生きる力となる『知恵』に変わって」いく。小山さんのこのような指摘には、アリソン・キングさんの〔伝達・教授する「壇上の賢人」から子どもに「寄り添う案内人」へと身を転じなければならない〕という提唱が踏まえられている。

ファシリテーティングやコーチングが着目する「引き出す」は education の語源であって、教師はたえずその原点に立ち戻らなければならない。しかしながら、教師はファシリテーターでも教育コーチでもなくて、「教師」である。教師に問われるのは、「教えることの質」であって「子どもの学ぶ質」である。

「壇上の賢人」と尊ばれ、そしてまた、教壇から降りて子どもに寄り添っているときにも「賢人」として崇められる。そうなるために磨くべき資質や教える力は、ファシリテーターや教育コーチがそなえるべきことをふくむが、それを超えて重層で多岐にわたる。単なる「ガイド役」として、子どもの学びの傍らに居て務まってしまう職業ではない。

＊＊＊

「コーチ」という言葉の語源をたどることはとても楽しい。そもそもコーチというのはハンガリーの村の名前で、その村で製造される馬車は好評を博していた。

そのことがあって「四輪の旅客用の馬車」が「コーチ」と呼ばれるようになり、時代が下ると「大切な人をその人が望むところまで送り届ける」行為が「コーチ」と称されるようになった。19世紀に入ると「コーチ」は名詞として広く用いられ、受験指導をする個人教師やスポーツの分野で選手を指導する人がそのように呼ばれて、一目置かれるようになる。

「コーチング」という人材育成のスキルにマネジメントの分野が着目するようになったのは、つい数十年前（１９８０年代）で、その流れが教育の世界に及ぶことになっての「教育コーチング」の提唱である。

リオ・オリンピックで日本選手団は過去最多の41メダルを獲得したが、アスリートたちにはコーチが付いて緻密な練習メニューに基づく懇ろな指導を行ってきた。大会会場では、脇に居て見守っているにすぎないコーチであるが、その直前までの選手との関わりは高い精度で行われている。

中学時代からシンクロナイズドスイミングを始めた井村雅代さんは、日本選手権で2度優勝して保健体育の中学教師となり、そして「井村シンクロクラブ」を創設して、シンクロ一筋の人生を歩んでこんにちに至る。日本代表コーチに本格的に携わって後は、ロサンゼルスオリンピック（1984年）から6大会連続してメダルを獲得する選手育成にあたり、中国チームの代表コーチに招かれると、同チームを2大会連続のメダル獲得に導いた。

日本のヘッドコーチに復帰してのリオ・オリンピックで、2大会ぶりの銅メダルに輝かせたのだが、ブラジルに発つに際して、選手たちに「あなたたちはメダルを取らないで帰ることに慣れているかもしれないが、私は慣れていない」と公言していたという。

井村さんのコーチとしての指導は厳しい。たとえば、鉛筆のように美しい脚を表現するために、靴下を脚の指でつかみながらの筋トレをするし、水面からぐっと浮き上がって見せる「高さ」にまばゆさを感じさせるように、2kg弱の重りを腰のまわりに着けての練習をもする。

井村さんは述べる。――人間は、引っ張られたほうが変わりやすい。その引張り役が教師であり、コーチであり、会社の上司であるわけです。その人の熱意や情熱によって、「できるかな」から「できるみたい」に変わっていくんです。だから、引っ張る人にエネルギーがないとダメなんです（『あなたが変わるまで、わたしはあきらめない』光文社）。

また、「子どもの心を開かせようと思ったら、自分も裸になって、真剣にぶつかっていくしかないんだ」「自信のない子が、自信のある顔に変わっていくのを見るのが、私のやりがいです。困難を乗り越えて、力が上がったときに、本人も自信がつくんです。スポーツの能力が上がるだけじゃなく、心も伸びる。人間、どんなことでも、『絶対越えられない』と思っていた壁を越えられたときが成長です」とも述べる(『教える力』新潮社)。

「できるかな」を「できるみたい」に変え、「できた」と自信に満ちた顔に変えていく。そのために真剣に子どもと向き合って、引っ張り上げていくのがコーチの仕事であり、ほかならぬ教師の仕事である。

＊＊＊

教師に欠かせないこと、それは教える内容について深く学びつづける「学者」としての資質であり、子どものつまずきを早期に発見して手当てする「医者」としての務めである。また、子どもたちを引きつけて飽きさせない「役者」としての技量をもち、一人ひとりの将来性を見抜いて助言する「易者」としての眼力をみがき、教室をのびやかに明るくする「芸者」としての振る舞いもする。

子どもたちは、そういう資質をみがきつづけている教師と接することによって、自分たちではとうてい泳ぎ出ることのできない海原や深海にまで漕ぎ出ることができ、水平線のかなたまで船出していこうと気力を湧き立たせて、泳ぎつづけていく。

「握る手」の主体性と「握り返す手」の主体性

アクティブ・ラーニングなる授業形態を推奨する変革が腰折れて、「主体的・対話的で深い学び」の実現に向かうことになったが、小中学校の多くが推進論者の勧める授業形態の導入へと向かわされているようだ。

千葉経済大学短期大学部は、教員免許更新講習を催している。小学教師Aは「アクティブ・ラーニングについては、今、どこでも右往左往している状態です」と伝える。

中学教師Bは、素直に受け入れることができない授業の現実に困惑している。――教師の説明が5分位で終わり、その後、取り組まない生徒もいるのに、「アクティブ・ラーニング」の形態だからそれでいいのだと、毎時間そのように過ごしている現場を何回も見てきました。授業教師は、廊下等で教室の様子を見守るだけでした。本当にそれで良いのだろうかと悩む時間を多く過ごしてしまっていたなと反省しています。

また、中学教師Cは「どうしても技法的なマニュアル本が出ると、飛びついてしまい、形式的に授業を進めてしまいがちであった」と述懐する。そして、「教師が教えることにしっかりかかわることが大切である」という中教審答申が出たときには「正直とてもほっとした」。「何も教えない状態では、深い学びや考えは出てこない。基礎・基本的なことも含め、私たち教師が教え、働きかけていかなければ、生徒は表面的な浅い考えで終わってしまっていると実感し」ていたからであった。

私は、林竹二さんの次の指摘をかみしめたいと思う（『教えるということ』国土新書）。

——子どもだけでもできるようなことを子どもにやらせて、授業だといっているのはまちがいです。子どもたちだけでは到達できない高みにまで子どもがよじのぼってゆくのを助ける仕事が授業なのです。そのことに対して教師は責任があるのです。これは知識を与えるということとは別です。きびしい、ごまかしのきかない思考と追求をさせることに教師の責任があるのです。——

＊　＊　＊

教員免許更新講習での私のテーマは、「アクティブ・ラーニングはアクティブ・ティーチングによって生まれる」である。アクティブ・ラーニングに翻弄された数年間の動きを整理し、「学ぶ」は「教える」「育つ（育てる）」と切り離して論じることはできないと強調する。そして、いま問われなければならないのは、深い学びを呼び起こして子どもの知的な成長を育てるアクティブ・ティーチングの在り方であることを明らかにする。

この講習は、綿引弘文さんとのタッグで実施していて、綿引さんは中学教師時代に行った「アイヌ民族の文化に学ぶ、北海道5泊6日の宿泊船中学習」の実践について、映像を交えながら熱く語る（『フィールドワーク授業入門』一莖書房を読まれたい）。

水戸市長のはからいで実現した宿泊船中泊を観光旅行もどきで終わらせず、アイヌの文化に目をひらく「学びの旅」とする。そのように志して、一年生の秋から10ヶ月もかけて精力的に取り組んだ。生徒たちは、綿引先生と県立・市立の図書館に足を運び、また多くの人たちから寄せられてくる資料をひも解き、アイヌの文化を少しずつたぐり寄せて行った。8分もかかるユーカラの暗唱に努め、入手したビデオを手本にして古式舞踊をも覚えた。そして、アイヌ紋様の刺繍をほどこしたマタンプシ（鉢巻き）を製作して、北海道へと出航していった。

暗唱と舞踊の練習はフェリーの船上でもつづけられ、マタンプシを巻いて訪れた二風谷では萱野茂さんに披露して、じきじきに手ほどきを受けた。ひたむきに学ぼうとしている姿に感動した萱野さんは、3メートルもある長い竹を横笛に細工して音色を聞かせ、生徒一人ひとりに手ごろな大きさの横笛を作って贈った。アイヌ文化同好会の人たちの踊り「チャッピーヤク」を見る機会もあって、生徒たちは踊りの輪に加わって一緒に楽しんだ。

綿引さんは午後のプログラムでは、子どもたちが秘めている表現力の豊かさをDVDで目の当たりにさせた。水戸市立五軒小5年生の演じたオペレッタ「火い火いたもれ」と、小松市立東陵小6年生がまだ曲がつけられていない時点で展開した朗読・身体表現「利根川」である。

高校教師Dは述べる。——「アイヌ民族の文化に学ぶ北海道の旅」や小学校での音楽劇は、まさに教師と生徒のアクティブ・ラーニングとアクティブ・ティーチングの相乗効果の産物であると言えるだろう。特に、音楽劇は見終えたとき、ＤＶＤの音声の拍手と共に拍手しようとしている自分がいた。

＊　＊　＊

6時間にわたった講習を締めくくるにあたって、綿引さんは「握り返す手の主体性」と板書して語った。16年も前、小泉周二さんのガイドヘルプをしたときに、その手でつかみとった「教える」と「学ぶ」を切り結ぶ「握り返す手」がもつ主体性である。

茨城県の国語の中学教師で、詩人で自ら作詞作曲して歌も歌う小泉さんは、15歳のときに「網膜色素変性症」の診断を受け、その視覚は40歳を過ぎると光を感じる程度に落ちていた。研修会で招いた小泉さんを案内するために手を取ると、小泉さんはその手を離して、さっと綿引さんの腕を握り返した。しっかりと握られたその手に強い〝意志〟を感じた綿引さんは、その「握り」に応えるように音楽室への道案内をしていった。

このときに認識した「握り返す手のもつ主体性」を、授業のいとなみに引き移しての話である。「教師が教えたいことが子どもが追求せずにおられない問題に転化するときに、そして子どもが問題を追っかけはじめるときに、授業は成立するといっていいでしょう」（『授業の成立』一莖書房）という林竹二さんの授業観につながっていく指摘で、受講者には一日の講習をふりかえるにふさわしい締めくくりとなった。

「教師の働きかけがあってこそ、子どもは手を握り返してくるのだというのが、すとんと自分の中で納得できました」「握り返してくる生徒の手を常に感じられ、個々の生徒や状況に応じて、最善の方法を選んで握り返せる教師でありたいと思います」といった感想がいくつもある。

高校教師Eは述べる。「昨今では多様化している生徒たちであっても、教師は働きかけることをやめず、手を握ってあげることをしなければならないと感じた。目をそむけたくなる時もあるが、教師が手を握ってあげることで、必ず子どもたちは握り返してくれる。しかし、ここには一人ひとりの握り返し方があり、それが個性なのである。それが子どもの主体性なのである。この握り返してきた手を教師がしっかりと離さない。それが教師の仕事であると学ぶことができた。」

小学校教師Fは述べる。「教師が問いについて本気で取り組まず、他人事のように授業を行えば、子どもたちから主体的な学びなど生まれない。まずは教師自身が問いを持ち、向き合うことが第一歩となる。また、小さなことでも、問いに対して主体的に向き合って発見したことは、その主体性を認め伸ばしていきたい。手を離さないで、こちらから握り返した手に応えていく姿勢を持ち続けていきたい。」

＊　＊　＊

「握り返す手の主体性」という指摘を聞いているとき、私はあるテレビドラマを想起していた。それは「やすらぎの郷」（脚本　倉本聰）で、榊原アザミ（清野菜名）が自らの体験をふまえて書き上げたシナリオ「手を離したのは私」である。

　東日本大震災の起きたあの日、アザミの祖母は孫娘の手を握って、崩れる家から必死に外へ出た。しっかり手を握って、揺れ動く大地を必死に走って行ったのだが、津波に飲み込まれてしまった。祖母はそれでもなお孫娘の手を離さなかったが、津波は引き波に変わって、二人は手をつないだまま逆方向へと流された。濁流に突き出す電柱にぶつかったので、アザミはかろうじて電柱をつかみ、もう一方の手で祖母の手を引き寄せようとした。祖母は孫の手に必死にしがみついたが、津波の力は「無慈悲に強く」、二人の手は離れてしまった。

　シナリオはつづく。――助かった孫娘は心に傷を負う。手を離したのは私の方だ。おばあちゃんを私は死なせてしまった。祖母の遺体はいつまでも出てこない。孫娘は何日も砂浜を探す（『やすらぎの郷』中・双葉社）。

　私はドラマのこの場面を思い起こして、綿引さんの話を継いだ。教師は、子どもが握り返しているその手を振り払ってしまうことがある。手を離したのは自分だと分かっているのに、子どもの方が手を離したと素っ気なくふるまう。

　たしかに、子どもの方が手を離したように思えることもないことはない。しかし、たとえそのように思えたとしても、「握ろうとした手を離させてしまったのは、私だ」と心を痛めて、子どもの手をあらためて握り締める教師でありたい。

視覚に障害のあるランナーを伴走できる人は、フル・マラソンが走れる人です

桐生祥秀選手が100ｍ走で、ついに10秒の壁を破った（２０１７年9月9日・日本学生陸上競技対抗選手権大会決勝）。10秒31であった前年のレースと比べると、100ｍの歩数が48、２歩から47、３歩に、ストライド（１歩で進む距離）が2、08ｍから2、11ｍとなった。１秒＝１、67ｍの走りが生み出した9秒98に、新聞は「歴史が動いた」と大きな見出しをつけた。

桐生選手は述べる。――4年間くすぶっていた自己ベストが更新できてよかった。やっと世界のスタートラインに立てた。これからは9秒台をコンスタントに出していきたい。原点は走って楽しいこと、優勝したらその楽しさが入る。

シドニー・オリンピックのマラソンで優勝した高橋尚子選手は、残り11キロ地点からの１キロあまり、シモン選手と並んで走っていた。勝ち負けを決めなければならない、スパートはどこでかけるか――と考えないことはなかった。しかし、シドニーの空気を二人で切り開きながら走っていることが心地よく、「できることなら、このまま走りつづけたい。20キロでも30キロでも、ずっとこのまま行きたい。風になっていたい」と並走を楽しんでいた（『風になった日』幻冬舎）。

バルセロナ・オリンピックで銀メダルに輝いた有森裕子選手は、4年後のアトランタ・オリンピックでは、追い迫る走者をわずか6秒で振り切って銅メダルを手中に収めた。感極まって述べた「初めて自分で自分をほめたい」には、ほんわかと湯気が立ちのぼっていた。

＊　＊　＊

冬の季節に限らず、全国各地で市民参加型のマラソン大会が開かれている。東京マラソンを走るのは35000人に限られるが、申し込みは305000通を超えるという。

職業に従事しながら暮らしのなかに「走ること」を組み入れているランナーは、「市民ランナー」と呼ばれる。私のまわりにも教師や医師、経営者、会社員などがいて、彼らは「○○マラソンで走る」という日程をかなり前からインプットして、「その日」に向かう日々を送っている。

毎年ノーベル文学賞候補として名の挙がる村上春樹さんも、市民ランナーの一人である。33歳（1982年）のときにマラソンを始め、ほとんど毎日ジョギングをし、毎年一度はフル・マラソンを走る。45歳のときにはボストンマラソンを走ったし、47歳のときにはサロマ湖100キロウルトラマラソンを11時間42分で完走もした。

生業を持つ市民がマラソンに熱を上げるのは、どうしてか。村上さんの『走ることについて語るときに僕の語ること』（文春文庫・2007年単行本）を読むと、その思いが垣間見られる。

村上さんは「小説を書くことについての多くを、道路を毎朝走ることから学んで」きたという。たとえば、「どの程度、どこまで自分を厳しく追い込んでいけばいいのか」という仕事を遂行する当事者としての感覚である。

また、「どれくらい外部の風景を意識しなくてはならず、どれくらい内部に深く集中すればいいのか」とか、「どれくらい自分の能力を確信し、どれくらい自分を疑えばいいのか」と、自分を客観的に冷静に見据える視座である。

市民ランナーが従事している職業は多岐にわたる。中には走ることがただ好きで走っている市民もいるであろうが、多くの市民ランナーは村上さんと同じように、長丁場となる仕事を完遂したいと思って、そのために求められる気力や精神力を、「走り切る」ことを自らに課すことで磨こうとしているのではないだろうか。

＊　＊　＊

今、数千人ほどの視覚障害者が毎日ジョギングを楽しんでいて、フル・マラソンを2時間台で走る人が少なくなく、3時間台で走る人はかなりの数に及ぶという。

視覚に障害のあるランナーは一人で走るのではなくて、伴走者とともに走る。ランナーを引っ張って走らせることは伴走者には許されず、1mほどの「伴走ロープ」の輪を握ってランナーの〝目〟を務めて走る。路面に凸凹があったり段差があったりすれば避けるように導き、曲がり角や上り坂、下り坂にさしかかるときには、そのことを10mくらい手前で伝え、その地点に来たら「ここから左に折れます」とか「上り坂になります」と教える。

フリーライターの星野恭子さんは自ら伴走もして、その体験をふまえながら伴走者とランナーが〝共走する世界〟を書き綴る。道が坦々とつづく場合には、目に入ってくる周りの風景を短い言葉で伝える。「状況がわかれば、緊張がうすれるだろうし、ただ黙々と走っているよりも、楽しい気分になれると思う」からである。

ランナーがロープの存在を忘れること。まるで自分一人で走っているみたい、と感じてもらえたら、百点満点です。――このように述べるのは、伴走歴二十数年となる鈴木邦雄さん（日本盲人マラソン協会常任理事）である（星野恭子『伴走者たち　障害のあるランナーをささえる』大日本図書）。

ロープを握っていることを忘れ、まるで一人で走っているように感じているとき、伴走者はどのような気持ちになっているのだろうか。東哲朗さん（ＮＰＯ団体「ゆきわりそう」でマラソン教室担当）は、「伴走しているつもりが、そのうち伴走される立場になってしまいそうです。伴走活動を通じて、共に生きていく仲間になれた気がしてうれしい」と述べる。

歩調が合って呼吸がそろって走っていると、二人はこのような心地を楽しんでいるのだろう。「できることなら、このまま走りつづけたい」という高橋尚子さんの境地に通じている。

＊＊＊

視覚に障害をもつ教師の小泉周二さんについては、【「握る手の主体性と「握り返す手」の主体性」】で取り上げた。小泉さんはハーフ・マラソンに参加したこともあって、その体験から「伴走してくれる人はフル・マラソンが走れる人です」と語るのは、〝フル・マラソンが走れる人〟です」と語る（綿引弘文（「〝伴走〟してくれるのは、〝フル・マラソンが走れる人〟です」『事実と創造』２０１７年10月号）。

伴走者がフル・マラソンを走れる人であれば、その伴走者のことなど気にすることなく自分のペースで思い切り走ることができる。この思いは視覚に障害のある多くのランナーが抱いているのかもしれない。

綿引さんはこの指摘を授業の世界に引き入れて、次のように述べる。

――「授業」では、どうしても、教師は子供の手を取らなくてはなりません。／すると、子供は、すっと、教師の手を握り返してくる。／そのとき、教師は、果たして、「フルマラソンが走れる人」になっているでしょうか？／子供と一緒に、20キロ、30キロ、40キロを走れるだけの〝走る力〟（＝〝伴走力〟＝指導力）を、もっているのでしょうか？――

そして、次のように直言する。

――子供の「〝握り返す手の主体性〟」に応えるには、教師に、「フルマラソンが走れる」だけの能力（＝自己訓練）が必要なのです。／そうでなくては、子供と一緒に走れないし、子供と一緒に学べない。――

授業の眼目は、言うまでもなく、子どもたちが教材を学び取ることである。子どもが学びを深めるためには、教師は教材を充分に究めて授業に臨まなければならない。子どもがつまずきやすいのはどこで、道を誤りかねないのはどこか、慎重に計画を練る。授業がスタートしてからは、子どもの学びの足取りにたえず目を配り、子どもの思索の回路を読みながら対応していく。

子どもたちは随所で教師の力を借りて学びを深めているのだが、そういうことは脳裡から消え去って、自分たちで教材の核にたどり着いたと誇りをいだく。力を出し切って走り終えた子どもたちを、教師は心からたたえて、惜しみない拍手を送って授業を終える。

好きでしょった荷物は重くない

——綿引弘文実践に教えられるフィールドワークの楽しさ

綿引弘文さんが『フィールドワーク授業入門——水戸内原の問いかけ』（一莖書房）を出版した。フィールドワーク授業とは、「教材をフィールドワークに求める授業」を指し、現地に出向くことで目に入ってきたこと、聞き取ったことを切り口にして、子どもたちと unknown question を解き明かしていく授業を言う。

地域社会になかなか踏み込んでいけない自分を変えたい。綿引さんがそう願って取りかかったのは、「内原町のイチゴ作り」（小3）である。その後、「消火の実際——鯉淵の物置火災」（小4）「『島畑』の謎を探る」（小4）、そして「アイヌ民族の文化に学ぶ・北海道の旅」（中1・2）へと、綿引さん自らが行うフィールドワークも、子どもたちがフィールドワークでひろげる学びの世界も大きく飛躍を遂げた。

私はそれぞれの実践についてそのつど報告を聞き、豊かな学びの展開に目を見はってきた。今回、5年にわたる6つの実践記録を一気に読むと、感慨ひとしおである。

＊　＊　＊

フィールドワーク授業に心がさわぐのは、どうしてか。それは、本を何冊読んでもネットで探索しても、どこにも書かれていなかった「湯気が立つ言葉」に出遭え、「なるほど」と合点のゆく話が聞けるからである。また、思い込んでいたことがらが吹き飛んでしまう「現実」を知らされるからでもある。

例えば、内原消防署に取材に行った綿引さんの場合である。消防署の象徴ともいえる「滑り棒」を使うことはもうしなくなっていて、階段を下りて出動の準備に入っていることが知らされる。そのほうが安全だし、早さも変わらないからである。

１１９番のイタズラ電話が年間１００回くらいあって、たいていは子どもからのもので、黙ったまま何も言われずに切られることもあるという。そのたびにかけ直すことになるのだが、それはイタズラを懲らしめるためではない。ほんとうに火災が起きている通報なのかもしれない。火の粉の舞う中で動揺していて、うまく用件を伝えられなかったのかもしれない。そういう万が一のことを思っての「かけ直し」である。

教科書には「出動の指令を受けてから、防火服を着て出動するまでの時間は、およそ一分である」と書かれている。ほんとうに一分ほどで出動できるのか尋ねると「30秒で出られます」と答えて、「およそ一分」と書かれていることに不服そうであったという。

子どもたちに伝えたいこと考えさせたいことが次々に目に飛び込んでくる、フィールドワークの現場である。

＊　＊　＊

同書には、アイヌ語辞典の編纂・刊行に生涯を捧げた萱野茂さんの言葉「好きでしょった荷物は重くない」が紹介されている。この言葉を耳にした綿引さんは「私は、教師としての自分の仕事のことを考えていました。萱野さんには比すべくもない卑小な私ですが、（中略）この『船中泊』の旅を、私も『好きでしょった荷物』にしたい」と心に誓った。

背負いたくないのにしょわされることになった荷は重たい。思わず身がよろけてしまう。どうして自分がしょわなきゃいけないのかと思うと、疲れがどっと溜まってくる。しかしながら、好きでしょっている荷物に重さを感じることはない。しょっているのはやっかいな〝お荷物〟ではなくて、心待ちしている人にたいせつに届けようと願う荷であるからだ。

綿引さんは、授業で差し出す教材は「いのち」がほとばしるものでなければならないと強く言い聞かせて、教材の吟味に余念がない。「この教材と出会えてよかった」と喜ぶ笑顔につつまれたいと思って、足取り軽く教材づくりに向かう。

授業が始まってから綿引さんが目を注ぐのは、子どもたちが覗かせる内面に湧いている言葉である。ぼそっと口を出たつぶやきをもたくみに拾い上げて、授業の本流に活かしていく。子どもたちはといえば、ひたむきに教材と向き合い、教材の宿している「いのち」にふれて充足していく。

俳句「その人の足跡ふめば風薫る」に出あった中学3年生の、みずみずしい感想を読むと、そこには綿引先生に対する淡い思いが重ねられているように私は感じる。

・私は、「その人」がよく歩いていたところを、何年か後になって、昔のことを思い出しながら歩いている姿が浮かびます。「その人」とは、とっても憧れている人で、昔は手が届かないようなところにいた人だと思います。
・私は、この俳句を読んだとき、「ため息の出るような安心感のある俳句だなあ」と思いました。（中略）「その人」とは、「自分の好きな人」という感じもしましたが、よく考えてみると、学校とかでお世話になった先生とかの気もします。とても尊敬している人で、その人のうしろにいるとホッとするような、そんな人であるような気がします。
・「その人」というのは、「自分にとって一番大事に想っている人」で、「その人の足跡」を一歩一歩ふんでいくだけで、とても幸せな気持ちになれるんだなと思いました。（中略）この俳句は、とてもやさしい気持ちになれる俳句だと思います。

この俳句の授業で綿引さんがさぐりを入れたのは、【どんな感じがするか、何色が見えるか、〈足跡〉が付くのはどんな所か、〈その人〉ってどんな人か】の4つであった。そのうえで、次のように語りかけた。――「その人」の足跡を踏むと、薫風が吹いてとてもいい気持ちだった、というんでしょう。「その人」というのは、いろいろに想像していい、様々な場面が考えられますね。それを書いてくださいね。

黒板にこの俳句が書かれた最初のとき、好きな人への思いが詠われていると受けとめ、思わず頬がほころんで、あちこちでひそひそ話が起こった。正岡子規が芭蕉の歩いた「奥の細道」を辿って詠んだ俳句だとはまだ知らされていない時点での中学生の感想である。

＊＊＊

教材を前にして教師の行う授業づくりは、「楽譜」を読んで「演奏」する音楽家の音楽づくりと変わりない。このように綿引さんは述べる。

――「アイヌ民族の文化」がどんなに素晴らしくても、博物館の展示物は固定されたものであり、そこから命を感じとることには非常な困難を伴います。楽譜は、そのままではまだ音楽ではありません。楽譜が音楽になるためには、生きている人間による「演奏」という再創造活動が不可欠です。――

たしかに、教科書に載せられている教材は「楽譜」にすぎないと言っていい。「ごんぎつね」といった文学教材であれ、分数の割り算という算数教材であれ、「明治維新」を説明する歴史教材や、溶解の現象を説明する理科教材であっても、それらは「どうぞ上手に演奏してくださいい」と目の前に置かれている「楽譜」である。子どもにとってもまた「楽譜」であることに変わりがない。

教師はその「楽譜」を深く読み込んで、教室に音楽を響きわたらせる。その演奏に聴き入っていると、子どもたちは演奏者の一人に加わりたくなる。思い思いの楽器を手にして演奏を楽しむ教室が生まれる。

教師は指揮者になったり、子どもたちの演奏に耳を傾ける聴衆になったり、演奏を奏でる奏者の一員になったりする。それが授業というものだという綿引先生の授業イメージに、私は共鳴する。

「対話的な学び」をはぐくむ

――「会話」でも「対論」でもない「対話」

新学習指導要領は「改訂の基本方針」として、「主体的・対話的で深い学びの実現に向けた授業改善」を掲げる。この「学び」は「我が国の優れた教育実践」に見られる「普遍的な視点」であると認識しての提唱である(『小学校学習指導要領(平成29年度告示)解説　総則編』文部科学省。以下『総則編』と略す)。

子どもたちが「学習内容を人生や社会の在り方と結び付けて深く理解」し、「これからの時代に求められる資質・能力」を身につけ、「生涯にわたって能動的に学び続けること」ができるようにするためには、これまでの優れた教育実践の「蓄積」を生かし、さらに「学習の質」をいっそう高める授業改善に取り組むことが必要となる。このように『学習指導要領』は述べる。

「主体的・対話的で深い学びの実現」というこの授業改善には、「アクティブ・ラーニングの視点に立った授業改善」と括弧書きがされている。したがって、グループ・ディスカッションやディベート、グループワークなどをいかに導入するか、教育現場は各種形態の授業への組み入れに翻弄されつづけていきそうだ。

しかし、『総則編』は「これまで地道に取り組まれ蓄積されてきた実践を否定し、全く異なる指導方法を導入しなければならないと捉える必要はない」と言明する。また、この授業改善は「授業の方法や技術の改善のみを意図するもの」ではなく、子どもたちに「目指す資質・能力を育む」ための「授業の視点」であると念を押す。この提唱を私は前向きに受けとめたい。

＊　＊　＊

何はさておき、明らかにしなければならないのは「主体的・対話的で深い学び」が目指す授業像である。中教審に対する諮問やその答申等での指摘をふまえれば、「知識の伝達・注入を中心とした授業」からの脱却が志向されていることは間違いない。しかし、「対話的」と称する「学び」について言うならば、この形容は何となくわかった気分にさせていて、意図するところが曖昧である。

『総則編』は、目指す「学び」の姿を明確に述べる責務があった。しかし、中教審答申の文言「子供同士の協働、教職員や地域の人との対話、先哲の考え方を手掛かりに考えること等を通じ、自己の考えを広げ深める『対話的な学び』が実現できているかという視点」をそのまま引用することで終わった。

田村学さんは、今回の改訂作業に文部科学省初等中等教育局視学官として携わった。その著書『深い学び』（東洋館出版社）を読むと、田村さんには「ただのおしゃべりとなっている」とか、「どうすればしっかりとした学びとなるのか」といった、「対話的な学び」に対する心配や不安の声が届いていた。
しかし、同書のなかで田村さんが行ったのは、「表面的なペアの話合いや形だけのトリオの意見交換などを、ただ行っていればよいというわけではない」と釘を刺すことに留まった。『総則編』においても、教師の切なるその声に応える責任を果たすことはなかった。

＊＊＊

「話し合い」として括られる活動には、対話のほかに会話・対論などがある。「対話的な学び」というのは、「会話的な学び」とは違うであろうし「対論的な学び」でもないだろう。類似する他との違いを明示しないと、「対話的な学び」はどこに向かって行ったらいいか道に迷う。うすっぺらな話し合いに堕していったり、意図を違えた方向へと進んでいったりしかねない。

対話は、会話とどう違うのだろうか――。劇作家で演出家でもある平田オリザさんは、劇中の人物が行う語りに強い関心を注いでいて、近代演劇は「『対話』の言葉をもっとも重要視する」と指摘する。そして、両者の違いを以下のように明らかにする（『わかりあえないことから』講談社現代新書）。

> 会話＝価値観や生活習慣なども近い親しい者同士のおしゃべり。
> 対話＝あまり親しくない人同士の価値観や情報の交換。あるいは親しい人同士でも、価値

観が異なるときに起こるその擦りあわせなど。

あの人には「対話的な精神」があると、人を評することがある。「異なる価値観を持った人と出会うことで、自分の意見が変わっていくことを潔しとする態度」の持ち主に対してである。そのような人には、「できることなら、異なる価値観を持った人と出会って議論を重ねたことで、自分の考えが変わっていくことに喜びさえも見いだす態度」がある。そのように言ってもいいと平田さんは付け加える。

対話と対論はどう違うのか――。ディベートと呼ばれることの多い対論は、A・B二つの立場に分かれてそれぞれが自説を展開して相手の主張を論破していく。「自分の価値観と、相手の価値観をすり合わせることによって、新しい第三の価値観とでもいうべきものを創り上げることを目標」とする対話とは、依って立つ原理がまったく異なる（平田オリザ『対話のレッスン』講談社学術文庫）。

「対話的な学び」というのは、井戸端会議のようなおしゃべりの場からはけっして生まれないし、黒白をつけようと躍起になって白熱する場でも起こりえない。このことをしっかり銘記して、授業の光景を描くことにする。

教室で「対話」を楽しむ子どもたちは、自分の考えに強い自信があるとしても、友達の考えるところには真摯に耳を傾ける。小さな声で「私はこう考えるんだけど」とつぶやいた意見に、賛同する声があるととても嬉しい。しかし、「ぼくはこう思うよ」といった別の視点から意見が出されたときも、なんとも有り難い。自分の考えをふりかえって点検する機会に恵まれるからである。

「こうも考えられないかな?」と、ふいに口にされた発言によって、停滞していた場に生気が戻る。そういう筋書きのないドラマをふくんで繰りひろげられていく「対話のある授業」である。

哲学者の中島義道さんは、「対話」は一人ひとりの「抱く意見の『小さな差異』を確認しながらゆっくりと忍耐強く進む」と、静穏に進むその場の空気に目を向ける。また「自分の固有の状況・体験・感受性をまるごと引きずりながら、しかも客観的真理を求めて語り出」していくと述べ、「自分」を大事にしながら思索を大きくひらいていく内面にも目を注ぐ(『〈対話〉のない社会』・PHP新書)。

同書は、「対話」が満たさなければならない基本原理を12点挙げる。一つひとつの原理は的を射ていて、子どもたちにもさりげなく伝えたい。ここでは2点のみを挙げる。

○相手との対立を見ないようにする、あるいは避けようとする態度を捨て、むしろ相手との対立を積極的に見つけてゆこうとすること ○自分や相手の意見が途中で変わる可能性に対して、つねに開かれてあること

こうして、会話や対論とは異なる「対話」というものの核心に目が啓かれると、新学習指導要領が提唱する授業改善には、極めて大きな教育的価値のあることが知られてくる。

＊　＊　＊

『総則編』の掲げる、前掲の「子供同士の協働、教職員や地域の人との対話、先哲の考え方を手掛かりに考えること等を通じ、自己の考えを広げ深める『対話的な学び』が実現できているかという視点」に立ち戻る。

「対話的な学び」を子どもたちに体得させるためには、何よりも教師が「対話的な精神」をもって接して、「対話する楽しさ」を子どもたちに実感させなければならない。

子ども一人ひとりの考えをさぐり出すために様ざまに働きかけ、子どもたちの間で、また教師との間でずれが生じてきたならば、「わからなくなったぞ」と腕組みしてみたりして、その場を切り拓く発言が子どもたちのなかから生まれ出るのをゆっくりと待つ。

そういう教師の対し方に接していると、子どもたちは建物を構築するように、仲間の意見を活かしながら多層から課題に迫って、〝自分たちの見解〟を練り上げていく。地域の人たちに取材したり、ゲストスピーカーの話を聞いたりして学ぶ機会がたまにある。理解が難しいときはその旨をはっきり伝えて、かみくだいてわかりやすく話してもらい、その道を究めている人でなければ口にできないみずみずしい言葉を聴き取っていく。文献を読んで学ぶときも変わりはない。著者は目の前には居ないのだが、言いたいことを読み取ろうと努めて読み、腑に落ちないところについては友達や教師に尋ねたりもして確かめていく。

ところで、『総則編』の掲げるこの「視点」において、何よりも肝要なことは何か。それは、以上に述べたような「他者と行う対話」はあくまでも「手掛かり」であって、「自己の考えを広げ深める」ために行う自身との真摯な対話が最大の眼目である。

平田オリザさんは述べる。――日本の社会は「ほぼ同質の価値観や生活習慣を持った者同士の集合体＝ムラ社会を基本として構成」されてきた。そのために、何となく「わかりあう文化」、推し量って「察しあう文化」に慣れ親しんでいる。「対話」という概念は日本人には「希薄」であって、「ほとんど、なかったと言ってもいい」くらいである。

しかし、「否が応でも国際社会を生きていかなければならない」この時代に身を置く子どもたちには、「察しあう・わかりあう日本文化に対する誇りを失わせないままで、少しずつでも、他者に対して言葉で説明する能力を身につけさせてあげたい」。平田さんはこのように述べる（前掲『わかりあえないことから』）。

「対話的な学び」というのは、「……的」が「……のような」「……の性質を帯びた」（以上『岩波国語辞典』）「……の傾向がある」（明鏡国語辞典）という意味であるから、「対話のような、対話の傾向のある学び」の時間を組み入れればいい。そういう〝ゆるさ〟が許容される学習指導要領の提言であるならば、今後の授業改造に期待することはほとんどなくなってしまう。

「教える」から身を退く「教えない授業」、「教える」に迫る「教えない授業」

「教えない授業」を推進しようとする動きが、中学・高校の英語教育を中心に広がっているらしい。

旗手は山本崇雄さん、都立両国高校・附属中学校で主幹教諭、都立武蔵高校・附属中学校の英語科指導教諭を務め、現在は新渡戸文化学園小中高校教諭である。校務を遂行する傍らでプロジェクト「未来教育デザインConfeito」を立ち上げ、講演やワークショップ、出前授業などを精力的に行っている。著書には『なぜ「教えない授業」が学力を伸ばすのか』(日経BS社・2016年)、『「教えない授業」の始め方』(アルク・2019年)等がある。

『教えない授業』が学力を伸ばす」と言われて、ドキッとしない教師はいないだろう。山本さんは「教える」ことが「不必要だとか、悪だとか主張している」わけではないし、「教師がいらない」というわけでもないと言う。

そのうえで、「教えない授業」では「生徒同士の活動の時間が増える」ことになるので、「生徒をじっくり観察する時間」が生まれる。生徒との距離が近づいていくので、先生に「見守られている」という安心感につつまれる。このように「教えない授業」のメリットを強調する。

社会に出れば、「自ら課題を見つけ、時に協働しながら解決手段を選択し、自分なりの答えを出していく」。それが「リアルな社会」で生きるということであるのだから、「教えない」ことを「授業の手法の一つ」として手に入れ、「自律型学習者の育成」に努めようとの提唱である。

＊　＊　＊

山本崇雄さんの述べることには、うなずけるところがいくつかある。教師には生徒の成長を見守る「温かい視線」が欠かせないし、生徒には「自ら課題を見つけ」て辛抱強く「解決していく」力を身につけさせたい。教育の根幹にかかわる次のような指摘もあって、「よくぞ言った」と私は思う。

――ぼくら教師は、「教える」側が最も学ばなければならないことを知っています。教える側が、十二分に学ばなければ、誰かに教えることなどできません。生徒が誰かに教えることができるようになるまで学ぶことができたら、それは僕が発信するメッセージを超え、考え方も多様化していくでしょう。（前掲『なぜ「教えない授業」が学力を伸ばすのか』）

山本さんからたくさんの示唆を得たいと思って、その著書を読み進めたのだが、期待は外れた。いま教師が「最も学ばなければならない」ということ、それは「教える」という専門性を究めることではなく、「授業の中で教師が果たす役割」に絞られていった。

つまり、教師に求められるのは、英語の授業で言えば、「英語の知識」を教えるのではなくて「英語の学び方」、つまり、「『何をどの程度教えるのか』ではなく『何をどのような手段で学ばせるのか』を意識した授業」への頭の切り替えであった。

英語に堪能な山本さんは、『ウィズダム英和辞典』からファシリテーターの語義を紹介する。「教えない授業」で教師が立脚するのは「主に Facilitator や Coach の立ち位置」であって、「極力一方的に『教える』ことを控え、生徒が学び方のプロセスや答えを自ら発見できるように導」き、「学習活動をスムーズに進められるよう支援」をしていく。

知りたいことはどのようにすれば手に入れることができるか、その手立てについて助言し、「学び方」について教えて、「自立型学習者」を育てようとする山本さんである。

＊　＊　＊

武田常夫さんが島小学校に転勤したのは、昭和29（1954）年である。斎藤喜博校長のもとで先駆的な教育が展開されて3年目に入る年、船戸咲子・赤坂里子・柴田梅乃といった気鋭の教師たちに揉まれ、教師として確かな成長を遂げたいと願っての着任であった。

あこがれる教師たちの実践に目を見張る毎日ではあったが、子どもたちをときどき「放ったらかしている」ようで、武田さんは首を傾げた（以下、『真の授業者をめざして』国土社より）。

ところが、である。「子どもとか学級とかの主体において」、子どもが「自立的に行動をしなければならない」場合、「たえず手を入れているはず」の自分の学級の子どもたちより、「放っておかれたはず」の学級の子どもたちのほうが「はるかに強く整然と」行動しているのだ。

ときには「教えない」ことが、むしろ「子どもみずからの思考と判断にゆだねて行為させること」が、「その場でいちいち親切に手をとって教えること」よりも「はるかに高い指導なのだ」と、武田さんは気づかされた。

「教えたいとねがうこと」をむしろ「惜しんで惜しんで惜しみぬくこと」が教育というもので、そのように子どもと向き合ったときに、子どもは「みずからの意志と行為のいっさいをあげて教師に接近」してくる。子どもとの「その出会い」の中に、「真の教授」が成立する。このように立ち位置を改める武田さんである。

この認識は山本崇雄さんの主張するところと似かよっているようだが、授業といういとなみの捉え方がその根幹で大きく異なる。

武田さんの言う「教えない授業」というのは、「教える」ことから身を退くことではなくて、「教えるものと教えられるもの」、つまり教師と子どもたちが「それぞれの思考や論理や感情を衝突させ、葛藤させながら、そこに、あらたな解釈や、論理や感情」を生みだして、厳しくわたりあう「知的な奮闘」を教師と重ねる授業である。

「考える力、追求する力、自分を他とつなげる力、鋭敏な感受性」といった「人間の精神の自立にかかわるもっとも本質的な力」を獲得させるために、「問いと答えとの激しい往復運動」を媒介にして、「醱酵」してくる様ざまな「思考と論理を激突」させる知的な時間を創り出す。そういう重みをもった「教えない授業」である。

武田さんは、教育とは「子どもを苦しめること」だと言う。今では顔をしかめさせかねない言いようであるが、「苦しめる」というのは「たえずより高いものをめざして現状を否定していく」「精神のすこやかさ、そうした高みへのあこがれ」をはぐくむことである。

「真っ向から子どもの意見に対立する考えをふりかざして子どもたちに切り込ん」でいくと、「子どもたちもまけずにわたしに打ちかかって」くる。「のるかそるか」の知的な取っ組み合いのなかで、精神を強靱に研く授業をつくっていく。

50年も前のことになるが、武田さんは次のような危惧を書き記している。

――子どもの自主的な力をのばし、主体性を育てるなどとよくいわれる。しかし、いくらそういうかけ声をかけ、そのような方式をつくりあげたところで、教師が真に子どもという存在そのものがもたらす力を全身でうけとめ、それと重く、深くかかわっていこうとする意志をもたないかぎり、主体的にとか自主的にとかいう方向も本質とは遠いかたちだけのものに終わってしまうように思われる。――

ファシリテータや教育コーチに転身して、子どもの自主性や主体性をのばし育てていことにぎわしく旗を振る人たちに、「子どもという存在そのものがもたらす力を全身でうけとめ、それと重く、深くかかわっていこうとする意志」は、どれほどあるだろうか。

学習指導要領は「主体的・対話的で深い学び」というのは、「我が国の優れた教育実践に見られる普遍的な視点」であると述べる。そして、「これまでの学校教育の蓄積を生かし、学習の質を一層高める授業改善の取組を活性化していく」ことが必要だと指摘する。

武田常夫さんの教育実践から学んで「教える」の核心に迫り、「主体的・対話的で深い学び」を創り出していく。それがいま教師に求められていることだと私は思う。武田さんの実践は、『文学の授業』『詩の授業』『文学の授業で何を教えるか』『イメージを育てる文学の授業』（いずれも明治図書）等に、今もみずみずしく生きている。

武田常夫が「教えない授業」のなかで、教え磨いていること

私たちは「教える」という言葉をよく使う。たとえば次のような文例が国語辞典にある。道順を教える・集合場所を教える・いま何時か教えてください・秘密を教える・悪いことを教える・コツを教える・君に本当のことを教えよう・先輩には何かと教えられることが多い・人の道を教える・問題の根の深さを教えた……

知らせてほしい身近な情報から、生きていくうえで胸に刻んでおくべき道理に至るまで、私たちは人に教えたり人から教えられたりして毎日を送っている。「教える」とは「相手が知らない知識・技術・教訓などを告げて知らせる。特にそれが身につくように告げ知らせる」（『明鏡国語辞典』）ことである。

人に尋ねられても定かでなければ教えることはできないし、たとえ知っていてもそのときの気分で「教えない」こともある。あれこれと教えられた気がしても、聞きたいこととどこかズレていて疲れることもある。

＊　＊　＊

「教える」というこの行為は、狭義では「教師として人を教育する。教育の仕事をする。教

え導く」ことを指す（『明鏡国語辞典』）。

教師が「教える」とは、どのようないとなみを言うか確かめたい。そう思って何冊もの教育学事典や授業研究用語事典を開いてみて、「教える」が登載されていないことに驚いた。「教授」「学習指導」という用語を登載して、研究者の利用に供することを目途とする事典であった。

『学習指導用語辞典』（教育出版）を例に挙げれば、「学習と学習指導」を編者の辰野千尋さんが執筆して、次のように述べる。

つまり、従来からの「教授」は「教師が児童・生徒に知識を教え授けること」を意味し、「教師中心で知識を注入し、児童・生徒はそれを受容する」という印象が強かった。20世紀に入って児童中心主義の教育観が広がると、「教師が上から教える、あるいは注入する」のではなくて、「児童の学習を助けること」が重要だと認識が変わり、この捉え方は今日までつづいている。このような解説である。

中央教育審議会は大学教育の在り方について答申し（２０１２年８月）、「知識の伝達・注入を中心とした授業」を脱して、「学修者の能動的な学修への参加を取り入れた教授・学習」へ転換するように求めた。「教員による一方向的な講義形式の教育」からの脱却である。（中教審答申「新たな未来を築くための大学教育の質的転換に向けて――生涯学び続け、主体的に考える力を育成する大学へ」）

この転換は「アクティブ・ラーニングの導入」と称されて、小中高校の教育においても推進されることになった。想定できなかった難題が次々に生起してくるこれからの時代、考え及ばなかった事態に当面しても、賢明に問題に立ち向かって解決の道を探る。そういう資質や能力をはぐくむ「能動的な学修」は、小学校段階から真摯に取り組ませなければならない今日的課題となっている。

ところで、丸括弧をつけて（アクティブ・ラーニング）と呼ばれる学習は、正式には「主体的・対話的で深い学び」という。この呼称は「主体的な学び／対話的な学び／深い学び」という三つの柱を並べているのではない。もし分けるならば柱は二つで、「主体的で深い学び」と「対話的で深い学び」を一体化して体得させようという提言である。

なぜなら、ここ数年、アクティブ・ラーニングというかけ声で広がった「学び」は形式に堕し、「学びの質」がおざなりにされていた。これではいけないという反省から「深い学び」という文言が加わり、「主体的・対話的」という心構えに「深い学び」が結合して、学びの質を意識させるようになった。そのような背景があるからである。

「主体的・対話的で深い学び」は、「我が国の優れた教育実践」が志向してきた「普遍的な視点」である。であるから、「優れた実践」から多くを学んで、「学習の質を一層高める授業改善の取組を活性化して」いってほしい。新学習指導要領はこのように提言する。

＊　＊　＊

私はここ数か月、武田常夫さんの教師としての成長の足跡をその著書から読み取っている。「上から教える、あるいは注入する」授業から「児童の学習を助ける」授業への転換を経て、その後、斎藤喜博校長のもとでまさに「主体的・対話的で深い学び」を創り出していった実践である。

島小に転勤した武田さんは、「見える」という教師が磨かなければならない資質の具体を、斎藤校長に教えられた。たとえば、「よい学級の教室は子どものいないときでも、子どもの匂いがする」と、嗅覚を研ぎ澄ましてとらえる必要性である（『授業の発見』一莖書房）。

子どもたちの帰った一年生の教室を覗くと、その壁面には、七夕の飾りを中心として子どもたちの書いた願いや図画や作文が壁いっぱいに飾られていた。子どもたち一人ひとりの顔が見え、それぞれの願いと夢が伝わる壁面であった。誰もいない教室でも、そこには確かに子どもの匂いが嗅ぎ取れた。

2年生のある教室に入ったとき、教師がどこにいるか見当たらなかった。子どもたちは集まりたいところに集まって、算数の教科書とノートを引きすえて話し合ったり書いたりしている。しばらくして、子どもの椅子に背中を丸めて座り、しきりに数人の子どもと話し合っている教師の姿が目に入って来た。

「てんでんばらばらに勝手なことをやっている」と眉をひそめる武田さんに、斎藤先生は満足そうに「教室に張りがあるのがわかるでしょう」と言った。「張りがある」か「弛みが見られる」か、授業空間に漂う空気感を見誤るととんでもないことになる。この教室に居る子どもたちは間違いなく、「学ぼうとするみずからの意志で動いて」いた（『真の授業者をめざして』国土新書）。

授業としては問題があるが、とにかく「教室がしっとりとあたたかい」と評する言葉も聞いた。子どもたちは先生が心から好きで信頼している。教師の「人間としてのあたたかさ、素直さ」が子どもをとらえているからだろうという指摘であった（前掲『真の授業者をめざして』）。

父母面談日に行った算数の授業で、子どもが円グラフの問題をノートにやっていると、斎藤先生が入って来た。子どもたちの「活躍」する一斉授業の場面は見てもらえなかった。このことを残念がって職員室に戻ると、「いい授業でしたね。鉛筆の音がきこえていましたね。あれだけ集中して学習に打ちこんでいる子どもの姿はすばらしいものですね」と褒められた。「しゃべるばかりが授業」ではない。「黙って本を読む、計算する、絵をかく、それもりっぱな授業」で、「問題は形ではなく、あくまでそこで行われている行為の質」がどうであるかである。この当たり前のことを「鉛筆の音がきこえる」と、耳で聞き取った事実を言葉にして教えられた武田さんである（前掲『授業の発見』）。

こうして子どもや教師を見る目、そして授業を見る目を斎藤校長に養われるとともに、島小の先生方には「教える」といういとなみについての認識をくつがえさせられていった。自分であれば「さっさと教えてしまうにちがいないこと」を、「容易には教えない、子どもたちが考えて、考えぬいて答えを見つけ出すまでじっくりと待っている」先生方である（『授業の中の子ども』明治図書）。

さっさと教えて済ましてきたのは、どうしてか。それは武田さんのなかに、「子どもは未熟なもの不確かなもの、教えてやらなければ自分の力だけでは何ひとつ行動できないもの」といった「蔑視」があるからにちがいなかった。「教える」とは「教師がある高みから子どもに知識という餌を投げあたえる行為ではない」と、自らの不遜さを省みた。そして、「教えないことが教育だ、教師が教えたいと願うことをむしろ惜しんで惜しんで惜しみぬくことが教育だ」（前掲『真の授業者をめざして』）と、これまで行ってきた「当たり前」と訣別することにした武田さんである。

＊＊＊

武田さんが切り拓いた「教えない授業」というのは、授業時間を子どもたちに委ね、そこでなされていることを傍らからながめる。そのようにして過ごす「教えない」ではない。

授業を展開するにあたっては、とことん教材研究を行って教材の解釈を深め、特に発問については厳しく考える。そうして土俵に上がると、磨かれた視覚・聴覚・嗅覚・皮膚感覚を活かして授業の「いま」を体感し、子どもたちと四つに組んで相撲を取る。

子どもたちを土俵際まで追い込んでも、ふんばられて押し返されることがある。思いもよらない角度から攻められたときには、互いに呼吸を整えて、気持ちを新たにして教材の核に迫る格闘をつづけていく。

「子ども」というのは、「本質的に高いものを求め」ていて、「低いものを拒絶する」存在である（前掲『真の授業者をめざして』）から、ありきたりのことを言い合わせていたり、子どもの発言の吟味が手ぬるかったりすると、教室に張りつめていた空気は一気に萎み、緊張感が失われていく。

「授業を通さないかぎり、生みだすことのできない思考」、つまり教師に「否定されることによっていっそうふるい立つような思考」（『授業に自信がありますか』明治図書）を練り上げさせて、追究を深める武田さんの「教えない授業」である。

斎藤喜博と向山洋一

——稽古に生きる人・練習に生きる人

２０１７年のプロ野球日本シリーズは、直前に広島の黒田博樹投手の引退表明があっての開幕となった。延長にもつれ込んで熱気を帯びる試合もあったが、日本ハムが力を見せつけて覇者の座についた。

野球の場合、先攻チームが９回表で後攻チームの得点に追いつけなければ、そこで試合は終了する。また、後攻チームが９回裏に先攻チームの得点を超えたならば、その時点でゲームセットとなる。決勝点がホームランで決まったならば、それはサヨナラ・ホームランと称されて、打たれた投手はすごすごとベンチに戻る。

卓球の団体戦の場合、第１・２試合はシングルス、第３試合はダブルス、そして第４・５試合はシングルスの５試合で戦われる。しかし、どちらかが３試合を先取すれば、そこでゲームは終了する。２勝２敗ともつれて最終戦まで持ち込まれるゲームは稀で、両者の戦力が拮抗する場合に限られる。

野球であれ卓球であれ、勝敗が決した時点でゲームを打ち切るというルールには、合理性がある。真剣さを失ってつづけられるプレーは見るに堪えず、多くの観客は席を立って行くからである。

千葉経済大学附属高校は毎年、県内の中学校の剣道部に呼びかけて「自彊杯争奪剣道大会」を開催している。大会を観戦していて驚いたのは、剣道の団体戦の進められ方が、私の知る他競技と異なっていることである。

「先鋒・次鋒・中堅・副将・大将」の5戦で戦われる団体戦は、たとえばAチームが中堅までの3試合を勝利したとしても、そこで試合は打ち切られない。最後の大将戦まで緊張感を絶やすことなく、真摯な戦いがつづけられる。このように取り進められる団体戦は、柔道でも同じだそうだ。

＊＊＊

英語でトレーニングとか、エクササイズとか言われることがらは、日本語では練習と呼ばれたり稽古と呼ばれたりする。野球や卓球、サッカー、バレーボールなどの場合、選手は日々「練習」に励むのだが、剣道や柔道、相撲の場合は「稽古」に勤しむ。「野球の稽古をする」と言うことはないし、「相撲の練習をする」というのも座りが悪い。

バレーボールもテニスも練習するものであり、剣道や空手は稽古するものである。茶道や華道、舞踊や習字でも人はお稽古に通い、演劇の場合もそれは稽古と呼ぶのがふさわしい。基本とされることを何度も繰り返して上達を図るいとなみに変わりないのだが、練習と稽古とでは、「習い手」の取り組む気構えに違いがあるようだ。

「練習する」というのは、言うならば、決められたメニューに従って体をもみほぐして馴らし、実戦に向けて技量を洗練していくことと言えよう。しかし、「稽古する」というのは、その語源に鑑みて理解しなければならない。つまり、「稽」の音読みは「かんがえる・とどまる」で、「古（いにしえ）に思いを馳せて考える」というのが「稽古」の本意である。

剣道であれ日舞であれ、後進は師と仰ぐ人に一からの教えを乞い、その道に古くから伝承されてきている理（ことわり）に目をひらく。「人間として身につけるべきたいせつな素養」をも、師の身のこなしやたたずまいから吸収しようとするのが「稽古」と言えよう。

オリンピックの柔道で外国選手の戦いぶりを見ていて思うのは、彼らが畳の上でしてきているのは、相手をいかに負かすかに特化した練習ではないかということである。日本の柔道選手の場合は、もちろん外国選手との戦いに備えた練習も怠らないであろうが、嘉納治五郎の唱えた柔道精神に則っての「稽古」を積んでいる。

井上康生監督の次のインタビューを読むと、治五郎の唱えた「自他共栄」の理念が脈打っていることが知られる（インタビュー「最強かつ最高の柔道家を育てたい」ニュースダイジェスト Eikoku NewsDigest)。

——相手に投げられてどんなに悔しい思いをしても、稽古の始めと終わりにはきちんと挨拶をする。練習で手を抜かない。どんなに相手が強かろうが弱かろうが全力でやる。それが相手に対する尊敬の念につながる。私たちは相手がいないと強くなれない。相手がいるからこそ、自分も成長することができる。／私自身が世界タイトルを獲ったことのある人間です。そういった人間が、きちんと感じるべきことを感じ、やるべきことをやっているところを見せれば、これから柔道を学んでいこうとしている人たちも分かってくれると思うんです。――

＊　＊　＊

「教育技術の法則化運動」を起こした向山洋一さんは、教育の世界に「追試」という手法を導入した。１９８４年のことである。追試というのは「他の教師のやった授業をまねてみる」ことで、追試するに値するのは、「教材」と「指示」と「発問」の三つが示されている「すぐれた授業」に限られる（『「追試」で授業は上達する』明治図書）。

――「良い授業」をまねすると、授業は変わる。／今までの自分の欠点が見えてくる。そして、教師は成長するのである。／また、時には「良い授業」の欠点をさがす時もある。それを「修正」して、新しい方法を提案することもできる。／このような多くの人が追試・修正をくり返すことで、よりよい方法は作り出され、その過程で教師は成長していくのである。――

向山さんのこの運動は、斎藤喜博に対する批判から生まれた。つまり、斎藤は跳び箱を跳ばせる原理を知っていながら、それを「かくし財産」にして教師の共有財産として広めなかった。斎藤をはじめとする先達の「すぐれた授業」をまねて追試し、修正も加えることで、よりよい授業の方法を作り出すことが運動のねらいであった。

教授学を構築する重要性とその必要性については、斎藤さんが『授業をつくる仕事』（一莖書房・1972年、初出『体育教育』同年5月号）で次のように強調していた。

――どんな思いでもして、すべての子どもが可能性を引き出され、七十点以上をとるような授業の方向をさし示し、またそういう質の授業を動かす原則なり法則なりを持った教授学を、大ぜいの人の力でつくり出す努力をする必要がある。／そのためにはいまは、大ぜいの力で克明に事実の集積をしていく以外にない。実際にすべての子どもの可能性を引き出すような授業をみんなの協力でつくり出し、そのなかから、法則的なものを発見し、それを丹念に積み上げていくしかない。――

教育技術の法則化運動は、斎藤さんのこの提言を受けとめたもののように思えないことはない。たしかに、この運動によって「一時一事の原則」などが広く共有されるようになっているが、「授業をつくる」うえで根幹に置くべき「法則的なもの」が確かめられて明らかにされたようには思えない。

なぜなら、「追試」という手法による運動には、次の三つの限界があるからである。

①「すぐれた授業」がそなえている豊穰な要素は、同じ発問・同じ指示を試みて「追試」することでつかめるようなものではないこと。

②「すぐれた授業」の「すぐれた」点というのは、選ばれた教材や投げかける発問や指示にあるのはもちろんだが、そもそもは、その教師が温めて深めた「教材の解釈の豊かさ」にあること。

③「すぐれた授業」を同じように実践できることを目途とすると、どの教師にもマネができるような働きかけ（発問や指示、説明、板書といったもの）を取り出す方向に流れてしまうこと。

斎藤喜博さんが「他人の創り出したものをそのままま ねてもだめだ」と指摘していた一文を思い起こしたい（『教育現場ノート』明治図書1963年）。

――すぐれた授業とか技術とか方法とかは、その人が長い間苦しい実践をし研究をした結果、そのときどきの教材や自分や子どもの高さに応じて、そのときどきの教材や自分や子どもと衝突しながら、そのときどきに新鮮に編み出し創り出しているものである。したがってそこにある実践とか技術とか方法とかは、その教師の、それまでの実践体験と、そこから得た法則とかが基本にあり、それによって教材や子どもと激しく衝突しているものである。決してその教師の人間とか、教材や子どもとの衝突の仕方とかと、きりはなしてあるものではない。だから、他人の創り出したものをそのままま ねてもだめだということにもなる。――

＊＊＊

斎藤喜博と向山洋一が教師に求める「研鑽」には、その根幹に埋めがたい乖離があった。稽古を積んで力量を高めていくか、練習を重ねて力量を高めていくかという埋めがたい隔たりである。

斎藤さんは、跳び箱を跳ばせる手順などを一般化して明らかにしなかった。それは、なぜだろうか――。

　明示された手順に従って子どもを跳べるようにさせたとしても、そのことで自らの授業力が高まったかのように思ってはならない。ある「すぐれた実践」にあこがれて、自分もその教師に近づきたいと願うならば、その先達が「そのときどきの教材や自分や子どもの高さに応じて、そのときどきの教材や自分や子どもと衝突しながら、そのときどきに新鮮に編み出し創り出して」いった過程に身を置き、そして眼前の子どもたちに向き合って、自らの方法を生み出そうとする稽古の気構えが欠かせない。

　教師の力量はそういう身構えをもって臨むことによってしか身につかないと、斎藤さんはつとに認識していたのである。

　土屋文明のもとで歌人としての素養を磨いてきた斎藤さんは、『表現と人生』（国土社・1960年）のなかで、「作歌者であるわれわれの心棒となるものは、現実にしっかりと立ち向かって、ぬきさしならない現実の中で、いわずにはいられない気持ちを歌うという態度だと思う」と書き記す。そして、「私はそういうことを子規や左千夫から学んだ。私はあの伝統をつぎたいと思っている」と述べる。

　そして、次のように直言する。

　――造化のような歌をつくり、人造人間のような歌をつくる人間に限って、技術のことを問題にするのであるが、技術は、自己の感じた真実を表現するためにあるのであって、技術そのものに目的があるのではない。単なる、技術のための技術は、人間を愚にするだけだ。技術はもちろん重視すべきだが、本末を転倒してはならない。（初出「短歌」１９５５．４）

島小や境小の教師たちが斎藤喜博校長のもとで積み重ねたのは、練習ではなくて稽古であった。それは『教師が教師となるとき』（国土社）などに書かれた教師たちの文章から読み取れる。

武田常夫さんは『授業の創造』（明治図書）のなかで、「みかんの島」という教材で「島を生きかえらせる」ということばに着目した授業についてふれている。

教材のなかの「ある言葉」に着目する授業は「やや得意な」部類に入っていて、「十分こなす自信」ももって臨んだ授業であった。しかし、５分ぐらい経つと授業は行きづまりはじめ、「子どもたちの思考はさっぱり発展」していかなくなった。「こんなはずではないと思いながら必死に展開しようと焦った」が、焦れば焦るほど発することばは「空まわりするだけ」で、「同じところをどうどうめぐりしているだけ」であった。

授業を終えた武田さんに、「うまい授業ですね」と声をかけてくれる参観者がいた。しかし、少しもうまいとは思えず、「授業のこうした小手先の『うまさ』などむなしいものだ」と自らを戒めていた。

「私はもっと下手でいい、不器用でいい、もたもたしていいから、もっと授業の中で苦しみながら対象に肉薄していこうとする意欲の満ちている授業を生み出していかなければならない」。「『こういう授業は得意だ』と思ったとき、私はすでに追求という作業を停止していた。ただ私が貯えてきた力だけで授業をやったのにすぎなかった」。——武田さんはこのように述懐する。

千利休が弟子たちに伝えた「茶の湯の極意」のなかに、「稽古とは、一より習い十を知り、十よりかえるもとのその一」がある（『利休百首』淡交社）。一、二、三、四、五……と習っていって十を知って、これでもう一人前だと思ってしまうと、人は成長をそこで止める。たえず「もとの一」に戻って、一、二、三……と習い直して稽古に励んでいく人に、「道」の奥義が少しずつ極められていく。そういう教えとして受けとめたい。

ナビゲーター
——様ざまな見方を引き出す「問い」を武器に、教材の核に迫る

出かけたことのない地へ向かうとき、カーナビはとても頼りになる。現在位置と目的地を入力すると、経路や渋滞状況、到着時刻などを教えてくれる優れものである。

ナビゲーターは、そもそもは飛行機の操縦士や航海士を指していた。自動車ラリーに関心がもたれるようになってから、助手席に座って運転者に速度や走行位置、進路などを指示する同乗者がナビゲーターとして社会的に認知され、カーナビはその役を誠実に果たすことになった。

今では、イベントの案内人や進行役がナビゲーターと呼ばれ、ラジオのパーソナリティやニュースキャスター、司会者などもそのように呼ばれることがある。道しるべとして私たちを誘導してくれるナビゲーターは何とも有り難い。

＊　＊　＊

鈴木有紀さんの『教えない授業——美術館発、「正解のない問い」に挑む力の育て方』（英治出版）を読んだ。

愛媛県美術館の学芸員を務める鈴木さんは、来場者の〝鑑賞〟に首をひねることが多かった。脇に書かれている解説文を熱心に読み、それからしばらく作品に目を向けて次へと進んでいく。

そういう姿がよく見受けられるからである。

解説文は作品を理解するために参考にはなる。しかし、それを読んで鑑賞した気分になって、作品との直の対面が軽んじられては、何のための来館か分からない。「ゆたかな鑑賞」の機会が提供できないものかと思慮していたところ、ニューヨーク近代美術館で始められた「対話型鑑賞」というプログラムに出会うことになった。

来場者は作品と直に向き合って、感じたことや募ってきた思いを述べ合い、仲間に見えていることに耳を傾けながら、視界を広げたり深めたりして作品を味わっていく。この「対話型鑑賞」で学芸員や教師は、「作品についての情報や解釈」なるものは一切伝えない。

「さまざまな見方を引き出す問い」を投げかけ、もし話が脱線していったり混乱してしまったりしたときは、その話を「作品」に戻していく。そういう関わり手を、鈴木さんは「ナビゲーター」と呼ぶ。

同書から、ゴッホの「古靴」を鑑賞する授業事例を紹介する。

「絵の中でみつけたこと、気づいたこと、考えたこと、疑問でも何でもいいので話していきましょう」と投げかけると、次のようなことが挙げられる。【一足の靴がある・靴ひもは植物の蔓みたい・なんだか使い古されていそう・向かって右側の靴ひもの先がアルファベットのCにみえる・この靴が置かれた場所は農家の納屋の中だろうか】

「一見、一足の靴のようにも思えるけど、それぞれ別々の持ち主の靴のようにみえてきた。

まるで、付き合いの長い友人どうしのようだ」と発言があると、「なるほど、おもしろい意見ですね。この靴が一足ではないかもしれない。そして、ずっと昔からの友達どうしのようにみえるんですね」と受けとめて、「どこからそう思ったのでしょうか？」と問いかける。

すると、「つきあいの長さは、靴の色や崩れた形から使い込まれた感じがするから」「(向かって)右側の靴は襟みたいな部分が立っていて、それに対して左側の靴は襟が折れている。同じ方向を向いているから気は合うけれど、性格は違うようにみえます」といった見方が示される。

こうして鑑賞しあっていくと、友達の発言に触発されて「新たな問い」が生まれてもくる。

子どもA　この靴を履いていた人は、工事現場みたいなところで働いている人だと思う。
教師　なるほど、どこからそう思ったの？
子どもA　だって靴の先に土がついていて、汚れているようにみえるから。
教師　ああ、ここね。この靴を履いていた人の職業について、考えてくれたんだね。
　他の人はどう思う？
(中略)
子どもB　私はこの靴を履いていた人は、物を大切にする人だと思います。
教師　どこからそう思ったの？

子どもB　どうしてかというと、こんなにボロボロになるまで靴を使っているからです。
教師　へええ。Bさんは靴を履いていた人の性格まで考えてくれました。
子どもC　はい！　Bさんに付け足しです。僕はこの靴をちゃんとそろえて置いているところから、履いていた人は礼儀正しい人だと思いました。

このように進められる授業は、たしかに鈴木さんが称するように「教えない授業」である。知識を覚えさせようとする方向性の行為はひとつもない。しかし、とても大切な学びの筋道が教えられている。「みる・考える・話す・聴く」という、次の「4つの基本プロセス」である。

①「じっくり作品をみる時間」を確保して、意識をもって「隅々まで観察」させる。
②「直感や疑問を大切に」させながら「作品のどの部分をみてそう思ったのか」と問いかけて、「根拠」を探させて「論理的思考」を促す。
③「自分の考えたことや心にわき上がった感情や疑問」を「的確な言葉」にして人に伝えさせる。
④他者に見えていることに「真摯に耳を傾け」て「新たな視点」から作品と対面させる。

こういう思考の筋道を繰り返して、それぞれにみえていることを共有しながら鑑賞を深めさせる授業である。

この「対話型鑑賞」は各地の美術館で推進されるようになっていて、また「えひめ『対話型授業』プロジェクト」として幅広い教科で活用・応用され、学習指導要領の謳う「主体的・対話的で深い学び」を体得させる実践となっている。

「対話型授業」で教師が執り行うナビゲーションは、目的地に間違いなくたどり着かせるカーナビのそれとは基本的に異なる。一人ひとりに問いかけて、みえている「今」を確かめ、さらに問いかけながら、仲間にみえていることにも目を向けさせて、精度の高い鑑賞へと一人ひとりを導くナビゲーションである。

＊＊＊

30年ほど前（1987年12月）、私は小学6年生に「この〈長い行列〉は何だろう」という社会科授業を行った（『社会科　なぞとき・ゆさぶり5つの授業』学事出版に所収）。『図説　昭和の歴史』第3巻（集英社）をめくっていて目に飛び込んできた「長い行列」の写真を拡大（1m×1.6m）して黒板に貼り、「写真をじっと見て、目に入ってきたこと、気がついたこと、考えたこと、何でもいいですから、配った紙に5つ以上、3分間で書いてみてください」と投げかけて始まった授業である。

子どもたちから挙げられたことは、以下のとおりである。

人がたくさん並んでいる／電信柱が木／はかまをはいている人が多い／家に何の紙だか

分からないけどはってある／帽子をかぶっている人が多い／下駄をはいている人が多い／自転車が今とちょっと違う／おじさんみたいな人ばかりで、あまり女の人がいない／白黒写真である

私は「よく見つけましたね」と褒めたりして、一つひとつの指摘を写真を指して確かめながら、看板の「商店」が右書きになっていることにも着目させて、時代の古さを実感させた。着ているのがマントであったり羽織であったりすることから、寒い冬の日であること、また、この行列がずっと先までつづいていることも皆で確認した。

16分をかけた写真との対面を終えて、私は伝えた。――これは「60年前の昭和3年2月20日」に撮られた写真です。そして、「この日、朝の7時から始まるのに、5時半頃から、早い人は3時半頃から、こういう長い行列をつくって並んでいました。なんの行列だと思いますか」と問いかけた。

「食料を求めている・演説会に入るため」という声が上がったので、私はそれを受けとめて「宝くじの行列じゃない？　映画スターが来ているのかな？　サーカスかな？　大安売りかな？」と考えられる状況を板書して広げた。子どもたちは、女の人が並んでいないこと・子どもが見られないことから次々に×をつけ、演説会を残して「選挙だ」と声を上げた。

――この日は、25歳以上の男の人たちが初めて投票に行った日なんです。投票は7時から夕

方の6時まで、いつ行ってもいいのに、なぜ5時半ころから冬の寒い朝、こんなに長い行列をつくって投票に行ったんだと思う」と、私は教材の核心へ向かう問いを投げかけた。

授業はこのあと、選挙権を制限する条件が少しずつゆるめられてきた昭和3年までの歴史をふりかえり、当時の新聞記事から抜き取った、長い行列をつくって投票に行く人びとの様子を知らせていった。詳細は前掲書に譲るが、授業は次のように語りかけて終わる。

——60年前のこの日は、950万人のふつうの人びとが初めて政治の主人公になる大切な日だったんです。この長ーい行列は、人びとが普通選挙を待ち望んできた、その長ーい年月を象徴しているかもしれない。あと8年経つと、君たちにも、初めて「選ぶ」日がやってきますね。その時に、「1票だ。頼む!」とかけつけた、この日の人びとのことを思い出してください。

教師は教材研究を深めてナビゲーターとして子どもたちに向きあうが、自分の手のひらに収め込もうとはしない。子どもたちがそれぞれに目を留めていることを吟味して、その着眼を活かしながらゆたかな教材の世界に誘っていく。

＊　＊　＊

鈴木有紀さんは、子どもたちの学びを引き出すうえで「すでに知っていること・わかること(既知)」と「知らないこと・わからないこと(未知)」のバランスが大切だと指摘する。鈴木さんの挙げる「最適な視覚教材」の要件は、次の2点である。

○わかりやすさ（すでに持っている力を存分に発揮できるもの）と、わかりにくさ（未知のことに少しだけ挑戦できるもの）が混在しているもの
○わかりやすい部分を踏み台にして、わからないことに挑戦できるもの

この2要件は視覚教材に限られることなく、いずれの教科のどのような教材であっても、子どもたちを知的に成長させていくために心して臨まなければならない。

ところで、斎藤喜博さんは、授業における追究の課題には「わかる未知」と「わからない未知」の2つがあると指摘した（『教育学のすすめ』筑摩書房）。

ふつうの授業は、教師には明確にわかっているが、子どもたちはほとんどわからずにいたり、あいまいにしかわかっていなかったりする課題を追究していく。「わかる未知」へと向かうこの種の授業によって、子どもは知らずにいたことがらに目をひらき、また、あいまいであったことがらを確かなものとして学んでいく。

これとは別に、「教師の意識の底にさえなかったような『わからない未知』に挑んでいく授業」がある。「わからない未知」への挑戦が生じたとき、授業は「緊張し集中したものになり、生き生きしたものになり、追求的・創造的なものになっていく」。

この種の授業が積み重ねられるならば、「どんな困難でも乗りこえて、新しいものを発見し獲得していくような学級や子どもや教師」が育つことになる。

授業において追究する課題が「わかる未知」・「わからない未知」のいずれであっても、教材・子ども・自分自身との対応のなかに「対決していく精神」のあることが欠かせない。その精神が貫かれていないと、「教育とか授業とかはふやけたものになり、常識的・形式的なものになってしまう」と斎藤さんは指摘する。

音楽を指揮すること、授業を指揮すること

ＮＨＫ・Ｅテレの「ドキュメントへようこそ」で、「カリスマ指揮者への道」が再放映された（２０１８年12月16日）。10年前（２００８年）に開催された第4回ゲオルク・ショルティ国際指揮者コンクールのドキュメントである。

「カリスマ」というのは、「民衆をひきつけて心酔させる力をもった英雄や預言者、教祖」などを指す。しかし近年では、「カリスマ美容師」というように「高い人気を誇る資質や技術の持ち主」をも形容するようになった。「カリスマ指揮者」とは、優れた指揮力によって聴衆を魅了させる指揮者を言う。

名指揮者ショルティにちなんだこのコンクールは、ドイツのフランクフルトで2年に１回開催される。２００８年には世界各国から若手指揮者５４０人が応募して、ビデオ審査を通過した24人が本選に出場した。

ある審査員は述べる。

――私が重視するのは「カリスマ性」があるかどうかです。候補者は20分ほどで、自分の実力を見せなくてはなりません。駄目なのは、自分の指揮はかっこよく見えているだろうか、鏡

の前で練習したとおりにできているだろうかなどと気にしている人です。そのようなことに気を取られていては、オーケストラとの気持ちのつながりは生まれません。――

また、あるビオラ奏者は「繊細な香りが漂ってくるような指揮をする人がいる」と語る。ありえないことだが、演奏しているとその香りをかいでいる気がしてくる。非常に優れた指揮者だけが生み出せる空気感で、「1、2、3、4」と拍子を取るだけの指揮から生まれることはない。指揮の技術は学ぶことができるが、音楽の本質を表現できるのは優れた指揮者に限られると述べる。

＊＊＊

「指揮」とは「合唱、合奏などの演奏を、指揮棒などを使って指示を出して統率すること」(明鏡国語辞典)であるが、本選出場を果たした人たちは、どのような思いで楽団の指揮にあたっているだろうか。

イギリスのジェームズ・ロウさん(2003年の東京国際音楽コンクールで2位入賞)は、指揮というのは「作曲家の頭の中を覗き込むようなもの」だという。作曲家の「人生についての考えや驚くようなものの見方」にふれ、それを現代によみがえらせる。なんと名誉ある仕事に就いているかと誇り高い。

コンクールで闘うのは、他の候補者というよりは自分自身であって、このことは人生のあらゆる局面で言えることだが、他の候補者と比べるのはよくない。自分より劣ると判断すれば見下したり、自分より優れていると思えば「追いつけない」と諦めたりしてしまうからである。楽団員の眼力は優れていて、顔を合わせて1分も経てば、できる指揮者かそうでないか見抜かれてしまうそうだ。

アメリカのシズオ・クワハラさん（2年前の同コンクールで2位入賞、両親は日本人）は、指揮棒をふらない。指揮棒を持つと右手は「持つ」ことに専念して、楽曲の情感の指揮は左手だけで行わなければならない。演奏に「より多彩な色」をつけ、「よりふくらみ」をもたせるためには、両手を自由に使って指揮するにかぎる。オーケストラのもつエネルギーやその考えをどうすれば最大限に活用できるか、「賢い指揮」に努めている。

本選に最年少で出場したのは、ウズベキスタンのアジス・ショキモフさん（20歳）である。10代のとき、彼はオーケストラの誰からもまともに相手をしてもらえなかった。経験豊富な40歳とか50歳の年配の団員に、指揮のやり方を教わって棒をふっている「ただの子ども」と見られてきている。応募したのは「ほんものの指揮者」として認知されたいと、強く切望してのことである。

ビデオを見た審査員の評価は、「ひどい、めちゃくちゃだ」と否定するものと「彼の中にはほんものの才能が燃えている、いつか化ける気がする」と肯定するものとに分かれた。実際にその指揮を見てみようという点で合意しての本選招待である。

ショキモフさんの指揮に将来性があることは確かであったが、経験が足らないことも明白で、特別賞を与えて2年後に再度挑戦してもらうことにした。しかし、彼は「次に来ることはありません。ぼくが前に進むには、今年でなければ駄目だったんです。2年後では遅いんです」とその申し出を断った。

最終選考に残った3人の指揮を客席で聴き比べた彼は、舞台裏に行ってコンサートマスターに食らいついた。マスターは「君は経験を積めばわかるようになるだろう。いつオーケストラに自由に演奏させるべきか。いつ指揮者が計画な指示を出すべきか……」と冷静に話し出した。しかし、自分の指揮のほうが優れていると食い下がろうとする。

――分かった。はっきり言おう。キミのブラームスは全候補者のなかで最低だった。キミの指揮に問題があり、最後までそれを直せなかった。演奏がバラバラで一つになっていなかった。私はオーケストラの奏者だ。指揮者とともに何を目指すべきかよく分かっている。オーケストラのせいではない。キミにはまだ勉強が必要だ。――

不服そうにその場を去った彼であったが、優勝したクワハラさんの記念演奏を聴き終えると、「また戻ってきます」と笑顔で語った。テロップが番組を締めた。――２０１０年のコンクールでは2次審査にも進めなかったが、今ではウズベキスタン国立交響楽団の首席指揮者を務めるなど、世界各地で活躍している。

＊　＊　＊

それぞれの子どもの持っている可能性は、指揮者であり組織者であり指導者である教師によって、教師と子ども、子どもと子ども、学級と学級とのひびき合いのなかで引き出され拡大されていかなければならない。——このように指摘するのは斎藤喜博さんである（『授業』国土社）。

すぐれた交響楽団は「指揮者のその曲に対する解釈と、そこから出る指揮演出」によって、すぐれた演奏を創り出し、そのことによって「楽団員ひとりひとりの可能性も引き出され拡大されて」いる。教師の仕事は「ちょうど、交響楽団などの場合と同じ」だと斎藤さんは強調する。

このところ、「教師はファシリテーターに変われ」といった主張に引き寄せられて、立ち振る舞いを改めようとする教師がいるようだ。中野民夫さんによれば、ファシリテーター力とは「人の成長や可能性を信じて、人と人の学び合う場をつくること」を指し、「そのプロセスを管理する人」をファシリテーターと呼ぶ。

「学びの一員」である教師は「上から目線で指示」することや、「評価的な言動は控えなければならない」。「よい」も「悪い」も言わない。子どもの「発言を『認める』ことは丁寧に」するが「あまり誉めることも」しない。それがファシリテーターとしての「基本的な姿勢」だと中野さんは教える。（「『ファシリテーション力』とは何か」『月刊教職研修』２０１６年８月号）

斎藤喜博さんの【「子どもの成長や可能性を信じて」、その可能性をゆたかに引き出すために、

【「指揮者、組織者、指導者」として子どもに向き合おう】という主張とは、大きくかけ離れていることが分かる。

前掲の『授業』が執筆されたのは１９６３（昭和38）年である。昭和30年代のテレビは白黒で、音楽会の番組は全くと言っていいほどなかったであろう。斎藤さんは機会があると東京の演奏会に行き、指揮者が楽団員と創り出す音楽空間にひたったにちがいない。

次のような文章は、オーケストラの生演奏を実際に堪能していないと書くことができない。耳のみをはたらかせて聴いているだけでは描き出すことは無理だからである。

――指揮者のすぐれた曲の解釈と指揮により、第一バイオリンが優れた音を出せば、それが他の楽器にひびいていき、他の楽器もすぐれた音を出す。それがまた第一バイオリンにもどっていって、第一バイオリンもさらにすぐれた音を出すようになる。いつでも個人の出したよいものが全体に影響し、それがまた個人にもどってきて、その個人の可能性をさらに引き出すことになる。――

舞台で繰り広げられているその光景は、斎藤校長が島小学校で展開している教育の世界と変わるところがなかった。子どもたちの出した「よいもの」が全体へ、そして個人へと戻って、さらに全体へ……と還流しながら高まっていく授業や学校行事と違わない。次の一文がつづく。

――教育の場合も同じである。その教材に対し、人間としてまた教師としての自己の解釈を持った教師が、授業のなかで、学級を指揮し指導することによって、すぐれたコミュニケーションがその学級に起こってくる。学級の子どものひとりひとりが、また教師が、個々の持っているものを、とことん出し、その集積なり凝縮なりとして学級全体のなかに生まれた学習効果が、また個人へもどり、個々の可能性をさらに高く引き出すという授業になってくる。そうなってはじめて、教育が成立したということになる。——

＊　＊　＊

授業に深みが欠けたとすれば、それは教師の「指揮」に問題があったからにほかならない。子どもから出た発言が響き合わされ深められていくことなく、バラバラのまま聞き置かれて進められる。そういう授業につきあわされるのは面白くない。

ファシリテーターとしての教師は、子どもの学びが高まろうと浅いままで終わろうと、それは子どものもつ問題と考えて一歩外から眺めつづける。手立てを講じて「学び」を深めようと頭を巡らすことはなく、プロセスを管理することに心を砕きつづける。

このような「基本的な姿勢」に則って子どもと対する「教師という名のファシリテーター」の手で、子どもたちのもつゆたかな可能性は引き出されていくのだろうか。知的な成長が触発されるものだろうか。

指揮といういとなみは、音楽の世界で行われるばかりではない。事件の捜査においても、イベントの運営においても、その展開は指揮する者の手腕によって大きく変わる。新明解国語辞典は、指揮というのは、あらゆる場面で「何人かの人などにそれぞれの役割に応じた働きをさせるように、全体を掌握しながらさしずすること」だと教える。

教師が身につけたい資質は、いくつも挙げることができる。それらをつつみこんで一言で言うならば、時機をとらえた指図を的確に行って、一人ひとりの子どもの学びを深めさせる指揮者としての資質となろう。

第4章　「育つ世界」にともに生きる幸せを味わう

暮らしをたいせつにする「灯をともす言葉」

――花森安治と大橋鎮子

家を出て幅が2mもない歩道をしばらく行くと、電柱がほぼ中央に15m間隔で3本立っていて、私は避けて歩かなければならない。向こうから来る人がいると、その人の動線を推し量って寄る側を早めに決めてぶつからないようにする必要がある。

自転車走行は歩道と決められていた数年前まで、ハンドルが電柱と接触しそうで、車道にいったん出ざるを得なかった。道々に並ぶ電柱は下水道側に寄せて立てられているのに、どうしてこの3本だけは歩道の真ん中に立てられているのだろう。

44年ほど前のこと、『暮しの手帖』（1976年6月号）を開くと「歩道を作る役人の5つの趣味」というページがあった。その「趣味」の第一に挙げられているのが「正確に歩道の中央に電柱を立てる趣味」で、証拠写真が二枚掲載されていた。

「役人の趣味」はこのほかにもあって、車のための交通標識を歩道に立てること、大きな収納箱を歩道に置いて道幅を狭めること、車道に傷みが生じると速やかな対処を心がけるが、歩道に傷みが生じても「ゼッタイに修理せぬ」ことなどが挙がっている。

自動車が幅を利かす時代になって久しい。年寄りや子どもはもちろんのことだが、歩道を歩く人たちは車にも電柱などにも注意を払わざるを得ない。歩行者目線に立って道路のおかしい実状を指摘するこの記事に、「よくぞ言ってくれた」と私は意を強くしたが、いったん立てられた電柱は立て替えられることなく、今でもあちこちで不自由が強いられている。これも「役人の趣味」の一つなのだろう。

＊＊＊

『暮しの手帖』は、戦後のモノのない時代から高度経済成長期にかけて、商品を造って売りさばく人たちに庶民の「暮しの視点」でものを言い、トースターや洗濯機、消しゴムなどを次々に商品テストにかけてその結果を読者に伝えた。

同誌の表紙の裏ページには毎号、次のような花森安治名の「刊行の趣意」が載せられている。

――これは　あなたの手帖です／いろいろのことが　ここには書きつけてある／この中のどれか　一つ二つは／すぐ今日　あなたの暮しに役立ち／せめて　どれか　もう一つ二つは／すぐには役に立たないように見えても／やがて　こころの底ふかく沈んで／いつか　あなたの暮し方を変えてしまう／そんなふうな／これは　あなたの暮しの手帖です――

作家の有吉玉青さんは子どものとき、親戚の家で『暮しの手帖』を読むことがあって、この雑誌は「保存用の雑誌」だと認識した。なぜなら、毎号の目次が切り取られてホチキス止めされていて、知恵を借りたいと思うときは、その「目次集」に目を通して、該当する号を書棚から取り出して読んでいたからである。（『暮しの手帖』３００号記念特集号・保存版）

有吉さんに、「ガス台を子供の目から見るとどう見えるか」という記事がとても役に立ったと、教えてくれる知人がいた。小さな子どもがガス台を見上げて「片手鍋の柄」が目に入ると、つい引っ張ってみたくなるのでとても危険だという記事である。そのことを覚えていた知人は、孫が生まれると、火にかけるときは柄が下から見えないように置くように嫁に伝えたという。

こういうこともあって、「『暮しの手帖』は、親から子へと伝えられてゆく〈保存版〉」なのだと強く思う有吉さんであった。

＊＊＊

2016年のNHKの朝の連続ドラマ（4月から9月まで）は『とと姉ちゃん』であった。大橋鎭子と花森安治の雑誌出版の足跡をモチーフにして、「とと姉ちゃん」こと小橋常子が、花山伊佐次と『あなたの暮し』の出版に乗り出し、精を出すドラマである。

「あなたの暮し出版」の社長を務める常子は、雑誌の内容については花山編集長に任せて、経営に手腕を発揮した。40歳の半ばも過ぎたころ、「何か書いてみてはどうか」と花山に勧められても、気は進まなかった。しかし、母を野辺に送ってひっそりとした家で暮らすうちに「書いてみようか」と心が動いて、花山に次のように伝えた。

――母と過ごした時間の中で、何気ない日常のいとおしさに、あらためて気づかされました。それを心にとめておくためにも、ごくふつうの暮しについて綴ったらどうかと思ったんです。誰のまわりにも起きていて、でも誰も取りたてて話さないようなことの一つひとつに心を向けて、ことばにする。けっして押しつけがましくならないように、そっとお知らせするような雰囲気で……。私は母から教わったことを自分の子どもに伝えることはできません。ですが、記事にすれば多くの読者に伝えられます。母が私にしてくれたように、人生にわずかでも彩りや安らぎをそえられるようなことばや知恵を読者に伝えたいんです。――

こうして、常子の「小さなしあわせ」という連載が『あなたの暮し』のページを飾るようになった。大橋鎮子さんが実際に執筆した「すてきなあなたに」を改めてのタイトル名である。花森さんはその連載を単行本として出版するに際して、「あなたがすてきだから、すてきなあなただから、／でなければつい見落としてしまいそうな、ささやかな、／それでいて心にしみてくる、いくつかのことが／わかっていただける、そんな頁です」と購読を勧める一文を寄せた。

たとえば、『すてきなあなたに　よりぬき集』（暮しの手帖社）には「服も休ませて」という一文があって、心にしみてくる。

「洋服は、それればかり着ていると、どんなにステキな服でも、自分自身があきてしまいます。／そんなとき、その服を着ないで一、二年しまって、休ませてみます」と書き出す500字あまりのエッセイで、次のように閉じられているからだ。――自分が好きで、似合っていても、流行にはあまりかかわりのない服なら、二、三年しまっておいても、服のほうが私を忘れないでいてくれます。古い友だちのようなものです。

＊＊＊

花森安治さんの、文章の出来を見極める目はきわめて厳しかった。鎮子さんが丁重にお願いして頂戴した照宮成子内親王の原稿に対しても、「これ、おもしろくないよ。書き直してもらいたまえ」と突き返したそうだ（長尾剛『大橋鎮子と花森安治　美しい日本人』ＰＨＰ文庫）。唐澤平吉さんは『暮しの手帖』の編集部に8年務めたが、花森さんに口酸っぱく言われたことを紹介する。「きみの書いた文章が、八百屋の奥さんにそのまま読んでもらえるか、魚屋の奥さんにわかってもらえるか、それを考えて書け」と突き放され、また「文章をやさしく、わかりやすく書くコツは、ひとに話すように書くことだ。眼で見なくてはわからないようなことばは、できるだけ使うな」という指摘である（『花森安治の編集室』晶文社）。

花森さんは原稿を書くとき、1分間に何字くらいの速さで話すと相手にわかりやくいか見当をつけて書いていたという。たしかに、その文章は簡潔なフレーズを小気味よくつづけるスタイルで書かれている。また、ひらがながやわらかく響くように書かれていて、濁音はできるだけ避けるように努めていたそうだ。「見よ　ぼくら一戔五厘の旗」は、くぐりぬけてきた戦争の非を端的に述べて、毎日文学賞を受賞した（『一戔五厘の旗』暮しの手帖社）。

『灯をともす言葉』（河出書房新社）には、花森さんが私たちに届けてくれた選りすぐりのことばが、詩の一節を抜き出したかのように並ぶ。そのなかから、『暮しの手帖』に懸けた花森さんの想いと読み取れる「ことば」を一つ紹介する。

美しいものを見わける
眼を持っているひとは、
どんなときでも、自分の暮しを、
それなりに美しくすることが出来る、
幸せなひとである。

空が青いから白をえらんだのです
――奈良少年刑務所の子どもの詩

2019年5月の連休に奈良を訪れた。松伯美術館で上村松園・松篁・敦之三代の絵画を堪能することがその眼目である。美術館には高さ2mを超える松園の「花がたみ」が飾られていて、おどろおどろしく描かれた風体に、私は後ずさりした。肩から胸にかかる長い髪の一筋一筋までもがありありと描かれていて、その筆の力が私を絵画の世界に引き込んでいるのであった。

奈良の地でこの目に収めておきたいもう一つは、旧奈良少年刑務所の建造であった。明治41（1908）年、国の威信をかけて築造された千葉・金沢・長崎・鹿児島・奈良の明治五大監獄、そのなかで奈良刑務所は原状を唯一残していて、昭和21年に「少年刑務所」に機能を替えて後も、平成の世まで営みをつづけてきた。

その建物の美観と塀の中で温かく接する看守たちについて知らせてくれたのは、寮美千子編『空が青いから白をえらんだのです――奈良少年刑務所詩集』（新潮文庫）である。青空に浮かぶ雲がなぜ白いのか。そういうことなど想うことのなかった私は、書名にもなったAくんの次の一行詩を読んで、安らかな境地にひたった。

くも　空が青いから白をえらんだのです

ふだん、あまりものを言うことのないAくんは、母が最期に言った「つらいことがあったら、空を見て。そこにわたしがいるから」を忘れることなく、7回忌を迎えていた。体の弱い母が父に殴られているときに何もできなかったことを悔い、青空を仰ぐ日の多かった少年である。

そのような幼少のことも話されると、仲間たちは次々に語り出した。

・この詩を書いたことが、Aくんの親孝行やと思いました。
・Aくんのおかあさんは、まっ白でふわふわなんやと思いました。
・ぼくは、おかあさんを知りません。でも、この詩を読んで、空を見たら、ぼくもおかあさんに会えるような気がしました（言い終わると、おいおいと泣きだしていた）。

これは、寮美千子さんが刑務所で10名ほどの少年たちに月一回行っている「社会性涵養プログラム」での、あるときのことであった。心を安らげるこういう時間をつくっている寮さんの詩人としての力に敬服するとともに、少年たちの内奥に眠るやわらかすぎるくらいの感性にふれて、私は幸せな気持ちになった。そのときにひろがった思いについては、「寮美千子——閉ざされたこころの扉をひらく詩人」『アクティブ・ラーニングへ——アクティブ・ティーチングから』(一莖書房)に書き記した。

＊＊＊

2018年7月、法務省が奈良刑務所の廃所を決定して、「ホテル」への民間転用が決まったことを新聞で知った。刑務所がなくなるということよりも、寮さんの行う詩の〝授業〟がなくなってしまうことに寂しさを覚えて、ホテルに様変わりする前に、109年の歴史を歩んだ監獄の建造を目に留めておきたいと私は思った。

晴れわたる5月4日、タクシーで奈良坂を上ると、そこに赤レンガの旧少年刑務所が在った。威圧感を感じるどころか、「ようこそ、いらっしゃいました」と迎えてくれるかのように建つ表門である。格子越しに覗いてみると、50mほど先に、手入れの行き届いた松を前方に配したロマネスク様式の庁舎が見えた。ジャズピアニストである山下洋輔さんの祖父啓次郎さんが、司法省の建築技官として西洋建築学を修めて設計したものだという。

私は塀の周りをゆっくり巡ってみることにした。刑務所の左手は小路を挟んですぐそばまで民家が立ち並んでいて、裏手には林地がつづき、その向こうに造成された運動公園から子どもたちの歓声が耳に届いてきた。そして、右手には多くの所員が住んだ宿舎の空き家が並んでいた。

刑務所は私の背たけの4倍ほどの高さの塀で囲われていて、塀の内側を見ることはできない。ときどき建物の上部が目に入ってくる塀沿いにゆっくり歩いていると、寮さんが述べる「刑務所の高い塀は、彼らを懲らしめ閉じ込めるためのものではなく、世間の荒波から彼らを守るための防波堤。傷ついた心を癒やし、反省の心を養い、再び社会へと還っていくための希望の施設なのです」という指摘を思い起こしていた（『世界はもっと美しくなる』ロクリン社）。

この高い塀は、善良な人びとの暮らしを守るために悪事を犯した人たちを閉じ込めているのではない。そうではなくて、様ざまな悪の道へ誘い込もうとする不届きな世間の目から、過ちを悔いて立ち直ろうとしている若者を守る、そのための壁塀であるにちがいない。私もそのように思うようになっていた。

理容師としての技量を養成された受刑者が庁内で営む「若草理容所」には、近くの子どもたちが散髪に出向いて行った。近隣の高校のサッカー部は、親善試合を塀のなかのグラウンドで行った。スパイクを履いてプレーする高校生に対して、受刑者たちは布のズック靴でプレーし、汗をかきあって楽しむひとときもあった。

＊　＊　＊

寮美千子さんが初めて少年刑務所に入ったとき、教育統括の細水令子さんは次のように語った（「あたたかな刑務所」『写真集「美しい刑務所」』西日本出版社）。

――彼らの多くはひどい虐待や貧困に晒されてきました。親の過剰な期待に応えようとがんばりすぎたあげく、心が折れてしまった子もいます。彼らは、正しい教育を受けたことがないので、心が荒野のように荒れ果てています。つらい、悲しい、さみしい、怖い、お腹が空いた、痛い、おれはダメな人間だ……。そんな負の感情をまともに感じていると、人間は壊れてしまう。だから、心を固く閉ざして自己防衛するのです。すると、つらいことを感じなくなる代わりに、楽しいやうれしいという感情もなくなってしまう。自分がなにを感じているのかもわからないまま、荒野のようなところに、ぽつんと一人で立っているのが、彼らの心象風景です。ぜひ、童話や絵本や詩で、彼らの心を耕してやり、情緒を育て、心の扉を開いてやってください。——

細水さんの切なるこの願いを受けとめて、寮さんは「社会性涵養プログラム」なるものを引き受けることにした。出会った若者たちのなかには、レイプや強盗、殺人などの刑を受けている者もいた。「どっしりと土の塊が座っているかのように無表情」であったり、「手を差し出せば、警戒してさっと逃げてしまう野良猫の子のような態度」を取ったりして、「一人一人の人間の形が、はっきりと見えてこな」かった（前掲『空が青いから白をえらんだのです』）。

しかし、足を広げてふんぞり返って座っていたOくんは「俳句をほめられたことをきっかけに、腰かける姿勢まで変わってしまった」し、自傷傾向があり情緒の安定を欠くKくんは「妄想や空想をノートに書きつけ、心から取り出して客観化するように」なって「醸しだす雰囲気さえ変わってきた」。

＊＊＊

19年間、少年刑務所に足を運んでプログラムをつづけてきた寮さんは、「彼らが心の扉を開くと、いつだってやさしさが溢れだしてくる。みんな辛い思いをしてきたはずなのに、棘のある言葉や、毒を吐き散らすような子はいなかった」と書く。そして、「毎月一度、刑務所に行くのが楽しみだった。刑務所に行くことは、心の森林浴だった」と述懐する（前掲『美しい刑務所』）。

小高い丘の表門から市内に目をやると、すぐ近くに東大寺大仏殿の鴟尾がながめられ、晴れわたる青空には白い雲が浮かんでいた。レンガ色と青と白の色調は絵になっていた。雲は、空が青いから白をえらんで浮かんでいたにちがいなかった。刑務所内の独房などはどのように改装されて、利用者に安らぎを与えることになるかはわからない。しかし、この刑務所の風致と建造物はホテルにふさわしいように私には思える。

10歳の子どもは、大人以上にものごとの本質を感性でつかみ取ることができる
——日野原重明

2017年、日本の100歳以上の長寿者は67000人を超えた。半世紀ほど前(1967年)は253人であったので、「夢また夢の時代」が到来している。医療技術は日進月歩で、食生活の改善なども加わっての超長寿社会の到来である。私もできれば長生きしたいと思う、が、長生きできるとどのような喜びを味わえるのだろう。

日野原重明さんは聖路加国際病院名誉院長を務め、終着駅はどこにあるのだろうかと思うくらいに意気軒昂で、「『現役』とは、『いま』を生きることに、自分という全存在を賭けている人のことです」と述べた(『生き方上手』ユーリング)。

日野原さんによれば、長寿のありがたさは生活が豊かになって、便利な暮らしができるといったところにあるのではない。そのようなことではなくて、「あのときのあれは失敗だったなあ」と思うことをもう一度やり直して、「人生のあちこちにできたやぶれをつくろって強くしたり、あるいは新しいことに次々にチャレンジ」したりして、「人生にさらにみがきをかける時間をたっぷりもらえ」ることだと教える(『十歳のきみへ——九十五歳のわたしから』冨山房インターナショナル)。

私には、思い出したくもないしくじりが数々ある。浅はかな判断をしてしまって後悔したこともある。少しでも賢く判断ができて、的確に振る舞えるように自身をみがく。そういう時間がもてるというのであれば、私も長生きしてその恩恵に預かりたい。

＊　＊　＊

「自分のだいたい20歳上と思われる年齢の人」を探して、「20年後にはそういう人になりたい」と思って、その人に近づこうと心して生きる。この人生の指針は、日野原さんが歩んできた人生から紡ぎ出されている。

30歳を超えて、医師としての生き方、人生の生き方を考えていたとき、日野原さんには目標としたい医師がいなかった。ある日、病院の図書館で伝記『ウイリアム・オスラー卿の生涯』を読んでいると、「医者としていちばんだいじなことは、いついかなるときでも心を平静に保つことだ」という一文に目が留まった。

こういうことをポンと述べるオスラー博士はいったいどういう医師なのか、博士に心が惹かれた。著作をすべて読み通し、博士が読んだと思われる書物も読んで、その本から博士が何を読み取って医の道を究めていったか追体験を重ねた。

博士に教えを請いたいことが数々出てきたが、逝去されているのでそれは叶わない。であるならば、直弟子に聞き取りするしかないと決意して渡米した。著作のどのページにもふれられていないが、博士を知るうえで心に留めておきたいエピソードを聞かされると、温かい気持ちにつつまれた。博士は老人や子どもをとてもたいせつにして、子どもとかくれんぼなどしてよく遊んでいたという。「子どもと友だちになれるというのは、これは人間として最高のことです」と日野原さんは述べ、博士を敬慕する気持ちを深めることになった（『人生百年　私の工夫』幻冬舎）。

37歳のときに『アメリカ医学の開拓者——オスラー博士の生涯』（中央医学社）を出版し、72歳のときには、博士の講演集『平静の心』（医学書院）を翻訳して刊行した。その冒頭に収められている、ペンシルバニア大学の卒業式での講演「平静の心」は、「諸君の内にある〝人間らしい心〟を頑（かたくな）にすることなく、危急の場に臨んだとき、強い意志と勇気を持って事に対処できるよう、感受性の鋭さを修得していただきたいと思う」と結ばれている。

日野原さんは58歳のとき（1970年）、「人としての生き方」を大きく転換させる大事に遭遇した。福岡県で開かれる日本内科学会総会に出席するために乗っていた日航機が、赤軍派によってハイジャックされたのだ。

乗客122人は客室乗務員とともに勾留され、北朝鮮の平壌空港に向かわされていた。しかし、着陸した空港が韓国の金浦だと知った犯人たちは怒り心頭に発して態度を硬化させ、乗客は死を覚悟した。

膠着した状況がつづくなかで、日野原さんは『カラマーゾフの兄弟』を読みつづけていた。ハイジャック犯に「本を読みたい者はいるか」と尋ねられて、一人だけ手を挙げて貸してもらえた本である。危急の場に身を置いても「平静の心」を失うまいと努める日野原さんである。

4日後に釈放されて空港に降り立ったとき、万感が極まった。「これからの僕は、与えられたいのちを生きる僕なのだから、だれかのためにこのいのちを捧げよう、そういう気持ちが自然に湧いて」きていた（『いのちの使い方』小学館）。

＊　＊　＊

２０１７年７月18日、日野原重明さんは１０５歳の命を閉じた。最後の著書『生きていくあなたへ――１０５歳どうしても遺したかった言葉』（幻冬舎）には、２０１６年の12月29日から翌年の１月31日まで、年末年始を除いて毎日行われたロングインタビューが収められている。

「１０５歳になられた日野原先生、死ぬのはこわくないですか？」と聞かれて、日野原さんは「恐ろしい……。あなたにそう聞かれるだけで恐ろしい……。だからこそ、朝起きて自分が生きているということが、心から嬉しいのです」と答える。そして、「生きているからこそ、新しい一日をスタートできる。様々な出会いがある。１０５歳という年齢を迎えてもなお、僕にはまだ自分でも知らない自分がたくさんあり、その未知なる自分と出会えるということに、心がわくわくしているのです」と、その好奇心は少しも枯れずにいる。

「年をとると病気をしたりよいことばかりではないと思うのですが、……先生はそれでも１０５歳まで長生きして幸せだと思いますか？」と聞かれもした。すると、「それでもやはり長生きしてよかった。長生きするというのは素晴らしい、そう思っています」と、長寿の喜びを私たちに伝えた。

「80歳の頃の自分がかわいかったなとさえ思います」と言われると、まだ70代の私は生まれたばかりの赤子でしかない。日野原さんにとって、80歳を過ぎてから生きることになった25年ほどは、実りの豊かな四半世紀であったのだ。80歳を過ぎたころについて、「いままで気づくことのなかった新しい楽しみ」を発見するようになったと、15年後に回顧していた（前掲『十歳のきみへ――九十五歳のわたしから』）。

新しく加わることになった「楽しみ」として挙げられているのは、一つに「季節の移り変わりや自然の美しさが、若いときよりももっとうつくしく目に映るようになった」ことで、もう一つは「子どもたちと対話するのが、とても楽しみに感じられるようになった」ことである。

「いのちの授業」を日野原さんが小学校で初めて行ったのは78歳のときで、ＮＨＫから「課外授業――ようこそ先輩」の話がもちかけられての実現であった。１０３歳になるまでつづけられたこの授業で、出かけた学校は２００校を超えた。聴診器で友達の心臓の鼓動を耳にさせ、「いのちって、なんだろう?」という核心に徐々に進み、いのちというのは「自分が使える時間のこと」であるから、少しでも「ほかの人のためにも使ってほしい」と結ばれていく。

「10歳の子ども」というのは、「もう自分の頭でちゃんと人の話を理解でき」て、「むしろ大人以上に、その本質を感性でつかみ取ることができ」、そして「いのちの尊さや平和の大切さ」を「大人よりもっと真剣に受け止めてくれ」る頼もしい後輩であると日野原さんは語る

（前掲『いのちの使いかた』）。

＊＊＊

『十歳のきみへ――九十五歳のわたしから』は多くの子どもたちに読まれていて、その感想文は「青少年読書感想文コンクール」等で受賞を重ねている。

「この本を読んでいると、まるで先生が私の前でゆっくりと語りかけてくれているような気がしている」（重吉彩乃さん・4年生）、「自分のためだけに時間を使っているようでは駄目なんだと言う先生の言葉に、サッカーボールが顔に直撃したぐらいショックを受けました」（井原颯音さん・5年生）といった思いは、なんとも素敵である。

「日野原先生は、時間にせいいっぱい生きた一しゅん一しゅんをつめこんでいくということを教えて下さいました」と書き出す伊藤玉慧さん（4年生）は、自分の家族に引きつけて次のように述べる。

「幼いころ、おばあちゃんが私の世話をしてくれていました。かわいがってもらった思い出がたくさん私の中にあります。おばあちゃんが私に使ってくれた時間が、私の心に入ったのだと思います。だから、心をこめて、手紙を書きました。（中略）私のいのちは、父や母、弟、はなれてくらすけれどおじいちゃん、おばあちゃんたちに、かこまれているのだと強く感じました」

堀切春菜さん（4年生）は、10年後の自分にも向けて書く。

「十年後、私は二十歳になります。その時私は、今の私にはむずかしくわからなかったことが理解できたり、今の私にできなかったことができるようになっているのだと思います。でも、もしかすると、今の私がとっても大切に感じたことや思ったことを忘れてしまっているかもしれません。だから二十歳になってからもう一度、『十歳のきみへ』を読みたいと思います。そして、十歳の私が感じた気持ちを思い出したりしながら、二十歳の私に知って、感じて、考えて、もっと『ありがとうの欲ばり』になってほしいと思います。（中略）今、十歳の『私』が感じた気持ちを、ぜったいに忘れずにいようと思います」

そして上岡瑠奈さん（4年生）は、「日野原先生、十歳の夏に、私に大切なことをたくさん教えてくれて、ありがとうございました。この本を読んで、読む前の私より何かが変わった気がしています。最後に書いてあった『どうか、きみたち、よろしくたのみますよ。』という先生の言葉にうなずいている私がいます」と感想文を閉じる。

10歳の子どもというのはほんとうに健気で、「もう自分の頭でちゃんと人の話を理解」できるのだ。日野原さんがオスラー博士を師として生きてきたように、いま、多くの子どもたちが日野原さんの生き方から示唆を受けて未来を切り拓こうとしている。

子どものつぶやきをふくらませるコメント

詩人の川崎洋さんは、読売新聞の「こどもの詩」欄の選と寸評を22年にわたって担当した。引き受けることにしたのは、「正直なところ、こどもの書く詩だからと少々軽く考えて」のことであった。しかし、こどもの詩にふれていくと、向き合い方が変わっていった。「自身の感覚」が洗い落とされ、「考え方の錆」が落とされていくからであった。

子どもというのは「目にふれるものを、大人が思ってもみないつかみ方をしたり、日常のチリにまみれた事物を、実にみずみずしい存在によみがえらせたり」してくれる。「わたしたちが大人になったことで失ってしまった能力や感覚を心と体のなかに息づかせている瞠目すべき存在である」。このように認識を改めることになった川崎さんである（『おひさまのかけら―「こどもの詩」20年の精選集』中央公論新社）。

「こどもの詩」のどのようなところにハッとさせられるのか。川崎さんは次の三点を挙げる（『こどもの詩』文春新書）。

①連想の豊かさ、大人の思いつかないイメージの跳躍力がある。常識や規制の考え方から離れ自由にはばたく。

②無機物をいのちあるもののように見る。我々の祖先の感じ方を息づかせている。
③純真で無心だから物事をまっすぐ見通す能力を持っていて、それが表現を得、ときには文明批評にもなる。
たしかに、次のような「こどもの詩」を読むと、私も、染みつけてしまっている垢（あか）や汚れがそぎ落とされる。ほんわかと顔がゆるんできたり、しんみりと目が潤んできたりする。

ママ　　　　田中大輔（3歳）
あのねママ　ボクどうして生まれてきたのかしってる?　ボクね　ママにあいたくて　生まれてきたんだよ

わたしとママ　　　　坂上あんず（小学2年）
ママの顔を見ると　何かしゃべりたくなります「ねぇ」だけでもいいたくなります「ねぇ」といってから　話すことを考えます。どんなに考えても話すことがなかったら「なんでもない」と　いいます。

ふでばこ　　　　坂池誠（小学6年）
えんぴつは　今からやるぞ　という気合がこもっている　けしゴムは　まちがったって大じょうぶさ　というおまじない　これでじゅんびOK　一日　がんばろうな

＊＊＊

読者が新聞を開いて「こどもの詩」欄に目を留めるのは、やわらかくてしかも鋭い子どもの感性にふれることが楽しいからだけではなかった。川崎さんの添える「寸評」が「こどもの詩」をいつくしんで書かれていて、心がさらになごんでいくからであった。

たとえば、次のようにである。

「どうして」と題された渡辺あずささん（6歳）の詩「ねえ　おばあちゃん　どうして　あーちゃんのこと　おこるおかあさんを　うんじゃったの？」に添える川崎さんの一言は、「顔を見合わせたお母さんとおばあちゃんの姿が見えるようです」。

「ピピ」と題された小西美保さん（小学6年）の詩「私の家の鳥ピピ　昔の作文を見るといつもピピのことが書いてあった　でも　もう　書けないんです　節分の日から　もう　書けないんです　私の家の鳥の　ピピのこと」への一言は、「『死んでしまった』という言葉がはぶいてあるので、悲しさがよけいに詩ににじみでています」。

たいらさおりさん（小学1年）の次の詩「てがみ」には、どのような「寸評」が書かれただろうか。

「てがみをかいた　はじめて　ほんもののてがみをかいて　だした　みかちゃんにだした　六十えんきってはったら　上からなんかいもおさえた　ポストにいれるとき　しんぞうが　どきどきって　二回なった」――わたしが、はじめてほんもののてがみをポストにいれたのは、いつだっただろうとかんがえました。わすれていたことを、なつかしく思い出させるいい詩です。

そして、先に掲げた「わたしとママ」には「話すことがなくても、『ねぇ』という、それだけで伝わる気持ち、それだけであたたかいことば」、「ふでばこ」には「一日だけでいい、小学校の時代に帰りたくなりました」といった、川崎さんのつぶやきというかささやきというかひとりごとが添えられている。

相手の話したことや事件などに対して、ひと言ふた言述べる「切れ味のある発言」はコメントと呼ばれる。齋藤孝さんは『コメント力』（筑摩書房）のなかで、耳にしていない音楽であっても、そのコメントが優れていると「聴こえてこない音楽が聴こえてくる」と述べる。

そしてまた、「優れたコメントは、他者に対する贈り物となる。教師の一言が、その後の生涯を生き抜く力となることもある」。「しっかりとしたコメントをすることが、相手を認めたということを示す。おざなりなコメントしか返せないとすれば、相手はその人の自分に対する誠意を疑うことになる」とも指摘する（『子どもに伝えたい〈三つの力〉』NHKブックス）。

齋藤さんの正鵠を射たこの指摘を読んだこともあって、川崎洋選「こどもの詩」の私の読み方は次のように変わっていた。

①こどもの書いた詩を何度か読んで、私ならば「どういう一言を贈ろうか」とコメントを練る。
②川崎さんの贈った「寸評」を読んで、自分のコメントと比べる。

③あらためてこどもの詩を読み返し、「寸評」を味わってまた詩を読んで言葉の感覚をみがく。

このように心して川崎さんのコメントに接すると、「どうして月並みな言葉しか思いつけないのか」と、ありきたりの言葉しか思いつけないことにがっくりし、子どもが喜んでくれるような言葉の贈り手になりたいと強く思う。格好の指南役を果たす「川崎さんと子どものコラボの著作」である。

＊　＊　＊

『『現場としての授業』をつくるためにカをみがきあう会」は、子どもの書いた短歌にコメントを書くコーナーを組み込んでいる。提示されるのは「朝日歌壇」などで入選した短歌で、参加者は10分ほど頭と心を巡らせる。それぞれのコメントはホワイトボードに書き並べられ、そのなかから「いいな」と思うものに挙手して、そのように思った理由を述べ合う。

ある例会で取り上げた短歌は、山ぞえ葵さん（小学1年）の「おとうとのかおよりおおきいブロッコリーあさのはたけのにおいがしたよ」（朝日歌壇２０１７年1月9日・高野公彦選）であった。

参加した教師や学生からは、次のようなコメントが出された。

・あさのはたけのにおいのするブロッコリー、どんな味だったのか教えて。
・良い香りと弟のおどろいた顔が食卓にならんだかな。
・ゆでてマヨネーズでパクッと食べたいな。

・はたけのにおいを食べた葵ちゃん、おいしかったでしょう。
・目でも鼻でもブロッコリーを味わえる葵さんはすごいなあ。
・葵ちゃんの文章を読んだだけで、先生ははっきりとその光景が浮かびました。朝の畑のにおいって空気が澄んでいるからですね。

川崎洋さんであれば、私たちには思いもつかないような目の覚める一言を贈るであろう。しかし、コメントづくりに毎回努めていると、私たちにも少しずつコメント力がみがかれてきているように思う。

「コメントの書き方一つで、子どもとの信頼関係は変わってくるので、子どもの言葉を真摯に受けとめるように心がけていきたい」「子どもの気持ちを受けとめ、共感し、できれば少し高いところを目指させるようなコメントを書きたい」「自分の書いたことに参加者から意見をもらうことで、自分の考えがより一層深まるという楽しい感覚を覚えました」といった感想が書き記されている。

教育実習で1年生の配属となった学生は、子どものノートをチェックする際に「よくできました」といった型通りの文言を書いたり、検印を押して済ましたりすることはしなかった。一人ひとりが書き留めていることを何度も読み、一人ひとりに「こんな小さな絵文字、よく見つけたね。〇〇さんの目はすごいね」「これからみんなでどんな意味か解決していこう」といった一言を書き添えた。返却されたノートを開き、「僕の目、すごーいって！」といった声を上げて、添えられたコメントを見合う子どもたちであった。

「授業の時の声かけも大事だが、ノートの中の小さな声かけも大事だと思った。小さなコメントでも、ノートが返ってきたときには、喜んで友達と見せ合っていた。きっと家でも見せていたのだろう、保護者の連絡帳には『家でも先生のことをよく話していて、楽しいと言っていました』と書かれたものがあった」と学生は述べる。

＊　＊　＊

斎藤喜博さんは土屋文明に師事して、アララギ派の歌人として数多くの短歌を詠んだ。歌誌「ケノクニ」を主宰して同人の短歌を選評し、朝日新聞群馬版の短歌欄の選者を務めたこともある。斎藤さんが心に置いたのは、作り手が投稿した何首かのなかには「必ずどこかの部分によいもの」があるので、「その断片のよさ」を活かすように臨むことであった。

投稿歌に向き合うこの心構えは、教育の場で子どもと対するときも変わらない。「子どもの表出した断片のよさを認め、それを指示し拡大してやること」が必要で、「そのためには教師は、そういうものを発見できる目と力とを持っていなければならない」と斎藤さんは強調する（『授業』国土社）。

「つぶやくように自分だけでいっている子ども」に対して、次のような指摘もしている（『授業入門』国土社）。

――そういう子どもの小さな声は、教師の席まではっきりととどかないことが多い。だが、そういうつぶやきも、教師が神経をはっていれば、必ずききとることができる。／教師は、そういうつぶやきを、ぜったいききのがさないという力を持っていないといけない。そういうつぶやきのなかにある、よいものを、学級の学習のなかにとりいれることによって、その子も生き、また、学級の学習も深く発展していく。／それを、本人の意識以上のものにしてやることによって、その子を目ざめさせ、自信を持たせていくわけである。――

たしかに、授業力に優れた教師はアンテナを張り巡らせていて、子どものちょっとしたつぶやきも聞きとめて、授業の展開に活かしている。そういう資質は簡単には身に着けられない。人間としてのゆたかさを地道にみがいていくことに尽きるといっていいが、ノートなどに書かれた子どもの思いをしっかり読みとって、誠実にコメントを送ることも大事にしたい。

いまも覚えている先生の一言は、どれも教科書には載っていなかったことでした

新聞は第3種郵便に承認されていて、広告のスペースは全紙面の50％を超えてはならない。しかし、広告ページが増えているように思えるので、ネットで調べてみた。広告の割合は漸減傾向にあることはわかったが、2016年度は紙面の32、4％が広告だという。裏を返せば、記者が取材して読者に伝えようとする記事などは、紙面の3分の2に留まっているということだ。

新聞社の主な収入は、読者の支払う購読料と企業等の広告料である。朝日新聞（全国版）の場合、「一面広告」の料金はなんと3985万5千円にのぼる（購買数の最も多い読売新聞は明示していない）。

企業は自社製品を売りさばくために宣伝費に糸目をつけない。新聞やテレビ、雑誌などの媒体を上手に使わないと、他社との競合に負けていく。たとえ広告費が嵩んだとしても、多くの消費者の目に留まってヒットすれば会社は万々歳である。

広告するにあたって企業が心血を注ぐのは、読者を引き付けるキャッチコピーであろう。有名タレントを起用できれば、その力は測り知れない。新聞広告の場合は、読者の目を引く紙面

の構成も重要である。選挙の立候補者が名前を連呼して投票につなげようと必死になるように、商品名を執拗に並べて売り込む広告も目につく。

＊　＊　＊

２０１７年８月19日、朝日新聞の朝刊をめくっていくと、中ほど（13面）に一面広告があった。万年筆を握って何か書く大きな写真が下半分にあって、その写真に少し掛かるように、巣の中から顔を出すひな鳥に母鳥が話しかけるイラストが小さくある。

上半分の右側は余白になっていて、左側には中ほどに次のような2行が太めに手書きされていた。

> 悩みを書いている時間は、
> 悩みを消すための時間でもある。

私の目は吸いつけられて、つづく文面を読み進めた。

> 飲み込んだ本音。あいまいにしてきた夢。
> 誰にも打ち明けられない迷いや葛藤を、きっと、誰もが抱えている。
> そんな時、一番ゆっくり話を聞いてくれるのは、あなた自身かもしれません。

必要なのは、自分と向き合う時間だけ。
ぽつり、ぽつり。ひとりごとを言うように、紙の上に吐き出してみる。
胸の奥に絡まっていた何かが、すーっとほどけていく。
人は、書くことで、悩みを消しているのかもしれません。
紙から顔を上げた時、ほら、不思議と心も上を向いているはずです。

何とも懐かしくて、若いころがふつふつとよみがえってきた。思うところがまとまらないとき、私はノートによく書いた。まさに思いを「吐き出す」ように書いたのだが、たしかにそれは、自分自身とゆっくり話をする時間でもあった。ぽつりぽつりと書いていると、「胸の奥に絡まっていた何かが、すーっとほどけて」いく。そのことを知って、ノートに向かう時間であった。

「悩みを書いている時間は、悩みを消すための時間でもある」と題するこの一文は、一編の詩を読んでいるようで心に沁みていった。

ところで、この紙面は「一面広告」のはずであった。何の広告なのだろうと思って探すと、「万年筆で書く写真」の右下方に「書く、を支える。ＰＩＬＯＴ」と薄く書かれていた。欄外に、会社名と所在地、インターネットのアドレス記載がある。何とも控え目な、つつまし過ぎる広告であった。

＊＊＊

森永チョコレートの「おおきいことは　いいことだ」は、高度経済成長の1960年代を象徴する広告コピーで、山本直純さんのコマーシャルソングに乗っかって、右肩上がりの時代を象徴していた。1970年代の丸大ハムの「わんぱくでもいい　たくましく　育ってほしい」は、探検ごっこのできる一角がまだいくらか残っているこの当時の、親の願いを代弁していた。勉強ができることよりもたくましく育つことが願われる時代であった。

80年代になると、雑誌『小学一年生』（小学館）が、新品のランドセルを背負う一年生を「ピッカピカの一年生」と呼んだ。今では、ほとんどの国語辞典が「ぴかぴか」の用例に挙げていて、小学一年生にかぶせる枕詞として定着している。

「心に残る男たちの顔を想いうかべると、みんな、少年のようだ。」（ビッグジョン）、「負けても楽しそうな人には、ずっと勝てない。」（セゾン生命保険）、「僕が母のことを　考えている時間よりも　母が僕のことを　考えている時間の方が　きっと長いと思う。」（NTT）といったコピーを読むと、だいじなことにふと気づかされる。

『人生を教えてくれた　傑作！　広告コピー516』（メガミックス編・文春文庫）は、その「まえがき」で「優れたキャッチコピーは、媚びを売らなくとも、人をコロリとおとす力を持っている」と書く。そして、「わずか一行の言葉なのに、それを目にした後に残る楽しさや感動は、本一冊読んだ後の読後感以上に濃い場合もある。なかにはその一行と出会うことで、価値観やライフスタイルが変わったという人も少なくないだろう」と、広告コピーのチカラに着目する。

写真家がシャッターを切って「その瞬時」を届けてくれるように、コピーライターは目の覚める言葉を心に届けてくれる。私たちは何かを伝えたいとき、言葉をやたらと重ねて厚化粧しがちである。しかし、浴びせかける言葉は相手にはうるさがられて、聞く耳は閉じられていく。余分な言葉をそぎ落として、選りすぐった言葉をポンと届け、そして余韻につつませるコピーライターの才覚に、教師は学びたい。

「まえがき」は、さらに書く。――行きずりの人の心をすぐさま捉えるキャッチコピー。それは瞬間文学であり、また、現代人の心を直撃する、時代の格言だとつくづく思う。そして、文学や格言が何年経ってもその吸引力を失わないように、また力強いキャッチコピーも、同様にいつまでも感動や共感を与えてくれるものだと思う。――

ほんとうにそのとおりである。優れたキャッチコピーは「瞬間文学」と称しても言い過ぎでなく、時代を照らす「格言」の様相を帯びている。赤城廣治さんは羽毛ふとんのキャッチコピー「ぐっすりが、いちばんのくすり」（東洋羽毛）などを世に送って、朝日広告賞などを受賞した。赤城さんは「名作は、世に出た瞬間から名作である。顔つきが違う。気配が違う。ココロの奪われ方が違う。名作に出逢ってしまったら、それを見る方はもう、その時点で、お手上げなのである」と述べて、小気味よい（『心に残る名作コピー』パイ　インターナショナル）。

「悩みを書いている時間は、悩みを消すための時間でもある。」というコピーを読んだとき、私はまさにそのような心境にいた。

＊＊＊

キャッチコピーは、写真や動画や歌などとセットにされるとインパクトを強める。新聞広告では物語風の数行が添えられることがある。小説の香りがそこにただようと、風格が感じられて引きつけられる。ＰＩＬＯＴの広告コピーの場合も、「詩のような語り」が添えられたことで私はいとおしさを覚えることになった。

私の好きな広告コピーを紹介する（『物語のある広告コピー』パイ　インターナショナル）。

> 英語の先生が教えてくれたこと。
> love と like の違い。
> 数学の先生が教えてくれたこと。
> 解がない人生の問題。
> 国語の先生が教えてくれたこと。
> 絵文字による感情の伝え方。

理科の先生が教えてくれたこと。
どこよりもきれいに星が見える場所。

社会の先生が教えてくれたこと。
戦争が終わって平和が生まれたこと。

いまも覚えている先生の一言は、
どれも教科書には載っていなかったことでした。

美術の先生が教えてくれたこと。私の才能。

子どもたちは、多くの教師と出会って成長していく。大人になっても覚えている「教えられたこと」というのは、どの教師からも同じように伝えられる「教科書に綴られているような知識」ではないのだろう。テストが終われば忘れてもいいような知識とは顔つきが違う、ココロの奪われ方が違う一言が子どもの内面に巣くっていく。

右記の〝広告〟を届けてくれたのは、リクルートメディアコミュニケーションズで、コピーライターは富田安則さんである。

駅ピアノ・空港ピアノで世界の人たちがつながる
オリンピック・パラリンピックを

音楽の都チェコ・プラハの玄関であるマサリク駅（1845年開業）には、毎日3万人の旅行客が乗り降りする。この駅の通り口には、誰でも自由に弾いていいアップライトピアノが一台置かれている。そのピアノにカメラを設置して撮影し、演奏後に語った思いも収めた「駅ピアノ」（BS・NHK）は心をなごませる。

建築現場で働くAさん（男性）が弾き始めたのは、勇気がなくて告白できなかった女性への思いをつづった自作曲である。生まれて間もなく親に捨てられたAさんは孤児院で育ち、そこで先輩からピアノを習い、音楽を心の支えとしてきた。――音楽はエネルギーを与えてくれる。幸せな気持ちになれるんだ。今は子どもたちにピアノを教えてるんだよ。

Bさん（男性）は大型スーパーの店員で、ピアノがあると弾かずにはいられない。映画音楽の美しいメロディーが大好きで、この日は「マイ・ハート・ウイル・ゴー・オン」（ジェームズ・ホーナー作曲）を弾いた。その姿をデジカメに収めて聴いていた初老の男性が、「すごく良かったよ」と握手を求めてきて、「これ、食べて」と細長いパンを差し出した。「誰かに聴いてほしいと思いながら、いつも弾いているんだ。喜んでもらえると本当にうれしいよ。演奏、気に入ってくれたんだね」と、にこやかに話す。

「愛の讃歌」(マルグリット・モノー作曲)を弾いたのは、年金生活者のCさん(男性)である。この曲は20代のころに耳で覚えた。チェコは1989年まで社会主義国であったので、西側の楽譜は手に入らなかった。散歩の途中で、いつもこの駅に立ち寄る。——今は何でも自由に弾ける。ピアノを弾いていると、なんだか宙に浮いているような気分さ。面倒くさいことは何も考えない。その感覚を楽しんでいるんだ。

夜勤に向かう途中のDさん(男性)が、自分の心境をつづったオリジナル曲を弾き歌いした。——心をおだやかにして正しいことだけを考えよう。悪の誘惑に打ち勝つんだ。そうすれば新しい人生を始められる——こういった歌詞である。若い頃に傷害事件を起こして服役し、刑務所の教会でピアノを覚えた。この駅でピアノを弾いていると、楽しんで聴いてくれる女性が現れた。——突然、彼女が話しかけてきたんだ。それでお互い気に入って、一緒になったんだよ。ピアノのおかげだよ。今までいいことなんて、ほとんどなかった。でも、この愛を見つけたのは最高の幸せさ……。少し離れて聴いていた彼女が寄ってきてキスをし、二人は腕を組んで街に出て行った。

駅に置かれた一台のピアノが人を音楽と出遭わせ、そして、人と人を出遭わせる。著名なピアニストが奏でる音楽ではなくて、弾いてみたくなった「ある市民」が奏でる音楽が構内に響く。音響効果の整ったホールではなくて、駅という生活の場から響いてくるピアノの音色が、

「出遭いのドラマ」を様ざまにつくりだしていく。

父とピアノに寄って来て、人差し指で鍵盤をたたいて、ニコッと笑って行き過ぎる幼い姉と弟もいた。

＊＊＊

ロサンジェルスの中心部にあるユニオン駅（１９３９年開業）には一日５４０本の列車が発着し、10万人ほどが利用している。交通局がこの駅にピアノを設置したのは２０１６年、利用者に気軽に音楽を楽しんでもらおうと思ってのはからいである。

Eさん（男性）は、３時間かけて市内の倉庫に出勤してくる。この駅で必ず弾くのは「エリーゼのために」である。子どものときに聴いて「いい曲だ」と感動し、弾きたくなってしまって学校で練習を重ねた。13歳から働く身になって、今は６人家族を支えている。４か月前に誕生した娘に贈った名前は「エリーゼ」である。――人の心を踏みつけない優しい娘に育ってほしい。そして、ぼくが持てなかったものを持ってほしい。

30年前、ニカラグアから内戦を逃れて移民してきたFさん（男性）が歌い奏でたのは、ジョン・レノンの「イマジン」である。数か月前にホームレスとなって、友人宅を転々としながら警備の仕事をしている。――多くの人々が苦しい思いをしてるんだ。でも、移民は働き者だよ。僕たちが欲しいのは、みんなが平等な世界だ。貧困や飢餓の無い平和を願う「イマジン」は愛唱歌である。

ホームレスのGさん（男性）は、「諦めないこと」をテーマにしたオリジナル曲を毎週弾きにくる。ピアノは22年前からの独学である。空軍に在籍してイラクへも派遣されて、視力と聴力の低下に悩ませられるようになった。それで、かつて夢みていた音楽活動を再開することになった。――僕が一番やりたいことはホームレスの友人たちを、音楽で手助けをすることさ。僕の演奏を聴いてごらんよって、おせっかいを焼いているんだ。

スピーカーから流れてくるＣＤの楽曲ではない。駅の片隅に置かれたピアノから、生の演奏が聞こえてくる。弾き手には伝えたい思いがあって、自分自身に語りかけたい熱い想いがある。駅前でマイクを握って激しい口調で演説する人がいるが、そうではない。メロディーに乗せて思いを静かに届けていくピアノ弾きである。

＊　＊　＊

ピアノは、空港のロビーにも置かれている。イタリアのシチリア島のパレルモ空港は世界の78都市と結ばれていて、年間５３０万人が利用する。この空港にはグランドピアノが一台。搭乗するまで待ち時間が長い空港では、椅子にゆったりと座ってピアノに耳を傾ける人が多い。

世界一周の途中だというチリ人の青年Ｈさん（男性）は、インドネシア・マレーシアを回ってシチリアに来た。このあとギリシャへと向かう。――家や食事にはお金をかけないよ。その分、少しでも多くのものを見たいから。ギターを携えての旅であるが、ピアノも機会があるたびに弾く。リュックを横に置いて弾いたのは、「ある午後のかぞえ詩」（ヤン・ティルセン作曲）。

北イタリアに住むフィリピン人のIさん（女性）は、10日間のバカンスを友人と楽しんで帰路に就く。ワインを飲んでほろ酔い気分で弾き始めたのは「男と女」（フランシス・レイ作曲）。30年前にミラノの音楽院を卒業し、ピアノ教師を長年務めてきた。若き日の思い出が詰まった「男と女」を弾き終えると、出発時刻を腕時計で確かめ、ピアノに深くおじぎをして搭乗口へと向かった。

妻や友人たちと休暇を過ごしたイギリス人のJさん（男性）が、荷物を横に置いて腰かけた。「ジャズっぽいのを弾いてよ」とリクエストされて弾いたのは、「ティル・ゼア・ウォズ・ユー」（メレディス・ウイルソン作曲）。ピアノは聖歌隊のリーダーに教わり、趣味となってずっと弾いている。かつては、イギリス国防省に勤務したことがある。――世界は大変な状況さ。何をするかわからない人たちが強大な権力を握っていて、本当に恐ろしい。でも、何とか切り抜けられると信じている。戦争なんか、二度とごめんだからね。弾き終わると「最高だよ！」と言葉をかけられて、ニッコリと応えた。ナレーションが出る。――シチリアの空港には、世界中の人びとの奏でる音楽があふれていた。

＊　＊　＊

東京オリンピック・パラリンピックは、新型コロナウィルスの世界的な感染拡大を受けて2021年7月に延期された。猛暑・酷暑となる夏の日本で開催される、このスポーツの祭典に世界中から人びとが集まってくる。オリンピックモードが盛り上がっていって、日本中が沸きに沸いていくことを祈りたい。

来日した人たちには、アスリートの熱い闘いに酔いしれるとともに、「日本は素敵な国だった」という印象を胸に刻んで故国へと帰っていってほしい。私は思う。——成田空港をはじめとする国内の各空港に、ピアノを置いてはどうだろう。千葉駅をはじめとする主要駅の広いロビーにもピアノを置いて、「誰でも自由に弾いてください」と英語で中国語で、フランス語で……呼びかけてはどうだろうか。

駅ピアノ、空港ピアノからは、世界の国々の民俗曲が奏でられてくる。映画で聞き知っている曲やクラシックの曲が流れると、「一つの世界」が生まれる。人びとの心がつながる音楽があちこちの駅で、そして空港で流れる日本は、オリパラの感動とともに忘れられることがないだろう。番組「駅ピアノ」を見て感動したある人がブログに書く。——日本でも成田空港、羽田空港、そして関空、また東京駅などにグランドピアノを置いて皆が楽しめるようにすれば、日本人というのは物を造るだけでない豊かな心を持っている人々だと、それこそ世界中からリスペクトされるでしょう。

（補）２０２０年３月９日の「駅ピアノ」（ＢＳ１）はロンドンのセント・パンクラス駅を取り上げた。同駅のピアノは２０１２年のロンドンオリンピックの際に、世界各国から訪れる人たちに弾いてもらおうと願って設置された。８年後の今でも、ロンドン市民や観光客に奏でられ親しまれている。

あとがきに代えて

拙書の校正は、新型コロナウイルスの感染拡大が世界的にひろがる時と軌を一にして行ってきた。3月は、密閉・密集・密接の三つの「密」を避けて不要不急の外出自粛が求められ、全国一律の臨時休業が学校に要請された。私の勤務する高校・短期大学・大学では、卒業証書授与式は卒業生のみの参加で挙行したが、大学・短期大学の入学式は中止した。

高校の卒業式（3月1日）の時点では、オリンピック・パラリンピックは予定通りに開催されることになっていた。式辞では、そういう巡りあわせの年に卒業する機縁を有り難く受けとめ、論語の「朋有り　遠方より来る　亦た楽しからずや」の教えに則って、世界各地から来日する多くの人たちを温かく迎えて、日本は素敵な国だと喜んでいただこうと呼びかけた。

短期大学の卒業式（3月15日）では、子年の卒業であることにちなんで、ロシア民話「おおきなかぶ」を切り口として、新語・流行語大賞に選ばれた「Ｏｎｅ　Ｔｅａｍ」の精神へと話をつなげた。現今の厳しい難局に対しては、全世界が心を一にして立ち向かい、この難局を一刻も早く乗り越える賢明な政策実行を世界のリーダーに望んで式辞を閉じた。

大学の卒業式（3月22日）の式辞は、鶴見俊輔さんの指摘する、歴史を読むに際しての「回想の次元」と「期待の次元」を基軸に置いて行った。現今の状況は5年、10年が経つと客観的に回想し、「これがカギであった」と認識する事実を踏まえた主張ができる。しかし、現時点でそれは不可能で、不確実性のただ中に身を置いて、どのようにパンデミックを終息させて経済の立て直しに取りかかるか、頭を巡らせる日々を送っている。後年、「２０２０年の歴史状況」を振り返るときには、見通しが立たなくて逡巡して過ごしている現時点のことも思い起こして考察してほしいと語った。

4月に入って感染状況は全国に拡大し、千葉県にも緊急事態宣言が発出され、大学・短期大学・高校は臨時休校に入った。高校の入学式は見送られて、家庭での課題学習を課し、大学・短期大学はオンデマンド形式等による遠隔授業へと舵をった。

同宣言は5月25日に解除されて、段階的な学校再開が感染拡大予防に万全を期して認められた。高校は2月遅れの「放送による入学式を6月8日に行い、ラッシュ時を避ける時差登校での短縮授業に入った。大学・短期大学は、遠隔授業を軌道に乗せながらの「教室での対面授業に向かっている。

感染拡大の第2波がいつ訪れるか予断を許されないこんにち、長期化した授業休止が学力格差を生じさせていることを憂慮してＩＣＴ教育環境の早期整備を訴え、9月入学制への移行が唱えられたりして、ハード面での教育を巡る指摘が相続いている。

子どもの未来を見据えて冷静沈着に教育の在り方を考えるとき、何よりも心を砕かなければならないのは、教師が教えることの「質」であり、子どもが学ぶことの「質」である。豊饒さを誇る「授業といういとなみ」に、拙書が目を啓く一助を果たすことになれば、このうえもない幸せである。

令和2年6月15日

佐久間勝彦

この本に登場する方々の索引

〈著者紹介〉

佐久間勝彦（さくま　かつひこ）

1944（昭和 19）年千葉県生まれ。早稲田大学第一政治経済学部卒業。同大学院修士課程（教育学専攻）修了。神奈川県川崎市立中学校に社会科教諭として6年間勤務したのち、1976（昭和 51）年より千葉経済大学短期大学部に勤務。

現在、千葉経済大学学長。千葉経済大学短期大学部学長。附属高校校長。

著書：『社会科の授業をつくる――社会に目を開く教材の発掘』（明治図書・1985）、『地域教材で社会科授業をつくる』（明治図書・1987）、『教材発掘フィールドワーク』（日本書籍・1989）、『社会科なぞとき・ゆさぶり5つの授業』（学事出版・1992）、『教師の感性をみがく』（教育出版・1996）、『学級崩壊を超える授業』（教育出版・1999）、『フィールドワークでひろがる総合学習』（一莖書房・2003）、『教師のこころの扉をひらく』（教育新聞社・2006）、『学びつづける教師に――こころの扉をひらくエッセイ 50』（一莖書房・2013）、『アクティブ・ラーニングへ――アクティブ・ティーチングから』（一莖書房・2016）

教えない「教える授業」――すぐれた教育の実践に学ぶ

2020年 7 月15日　初版第一刷発行

著　者　佐久間勝彦
発行者　斎藤草子
発行所　一莖書房
〒 173-0001　東京都板橋区本町 37-1
電話 03-3962-1354
FAX 03-3962-4310

組版／四月社　印刷・製本／日本ハイコム
ISBN978-4-87074-224-6　C3337